第三版

弁才天信仰と俗信

笹間良彦 著

雄山閣

本書は、弊社より一九九一年六月に〈初版〉を刊行し、二〇一七年八月には〈新装版〉を出版いたしました。今回の〈第三版〉では、原文を尊重しつつ明らかな誤字・誤植を修正し、さらに〈初版〉収載の図版をすべて再掲載、地名や住所表示等も現行のものに改めました。なお本文57頁に記されているように、本書においては基本的に「弁才天」と表記しておりますが、個々の寺社において「弁財天」としている場合はそのまま記載いたしました。また、本文中において、今日の観点から一部に不適切な表現が見受けられますが、〈初版〉時の時代的背景を考慮し原文通りといたしましたこと、何卒御了承願います。

（雄山閣編集部）

はじめに

豊穣による至福と、学問・弁説・音楽という知性的面をも司る女性神としての弁才天は、かつては神道系の神として日本の民衆に親しまれ厚い尊崇を受けてきた。また七福神信仰の中の紅一点の存在として、縁起の良い神として光彩を放ってきているので知らぬ人はいない。しからば、弁才天とはどういう神であるかということになると、その実態はあまりよく知られていない。

福神としてその功徳のレパートリーがあまりにも広いので、民間における信仰が強く、地母神的・産土（うぶすな）の神的イメージが強い。その点は稲荷神とよく似ている。

弁才天については、『金光明最勝王経』と日本中世に作られたという『弁天五部経』などによって、その性格およびパワーが窺われるが、それでもその実態と全貌は明瞭でない。これは、現在われわれが先入観として認識しているのは、仏教で説く弁才天が神仏混淆によって日本の神と習合して以来のイメージが定着してしまったからであり、日本における弁才天はあくまでも日本的弁才天なのである。

ゆえに弁才天とは何かということに触れてみる必要がある。

弁才天のルーツは、本文の中で述べているごとく、古代インドにおいてサラスヴァティー河を神格化したことにはじまり、本来水の神であり、水の恵みによって生ずる豊穣至福を願う神である。したがって日本の稲荷神とも習合し易く、水神である宗像三女神とも複合しやすい。こうした点から日本独特の弁才天女が生じ、その信仰が生まれ、民間信仰によって広く根強く尊信されて現在に至っている。

神仏混淆時代には、水神である宗像三女神に代って弁才天が信仰されたので、神社に祀られても民衆はなんら不自然さを感じなかった。

明治の初めの神仏分離令によって、弁才天を神体とする神社も宗像三女神や古来の神道系の神々を祀ることになったが、それでも民衆はやはり弁才天が祀られている神社として受けとめていたのである。ゆえに古来三弁天・五弁天として聞こえた神社においても、祭神が神道の神となっても、旧来通り弁才天信仰者の参詣が多く、現在でも弁才天を祀ってはいないと言いきれず、信仰者を受けつけている。

つまり神社における弁才天信仰は、はなはだ曖昧のままにその存在を許容しているのである。また寺院における弁才天はいろいろの伝説を付加して、さまざまなスタイルの弁才天を生じている。

一体日本における弁才天とは何かということになるが、その本質を探るには、弁才天の日本における軌跡と習合複合した日本的弁才天の歴史を知ることが必要である。それを本書では、ごくわかり易く要約したつもりである。

目次

Sarasvatī

第一章　弁才天の様相

弁才天とは

日本における弁才天信仰は仏教伝来後に間もなく始まったと推定されるが、当初は独尊として祀られまた信仰された形跡はない。

中国の義浄が、唐の中宗嗣聖二十年（七〇三）に『金光明最勝王経』十巻を漢訳し、その中に吉祥天と弁才天の功徳が説かれ、造像され始め、これが日本にも伝わったが、主尊の護法神として脇侍している存在であった。

つまり如来や、主尊とする菩薩に随侍し、時には吉祥天と対になっていたが、その頃は吉祥天の方が女神として多くの信仰を捷ちとっていたようである。

吉祥天もインドでは古い女神で、ヒンドゥー教ではヴィシュヌ神の妃とされ、仏教では毘沙門天の妃に配され福徳を司り、時には五穀豊穣の神とされたので弁才天とすこぶる酷似するが、水に縁があるところまで共通する。

吉祥天はラクシュミー（Laksmī）といって幸福・繁栄を意味し、睡蓮（padma）に変身して水に縁が深い。

弁才天はサラスヴァティー（Sarasvatī）河の神格化で、これも幸福・学問・弁舌・音楽・除災の神であるからともに福女神であるが、独尊として日本で祀られるようになったのは吉祥天の方が先らしい。『日本霊異記』に、和泉国泉の郡血渟（ちぬ）（大阪府泉北郡槇尾山の吉祥院旧跡らしい）の山寺に吉祥天を祀ってあったが、聖武天皇の御代に、信濃国の優婆塞がその麗姿に恋して交情を遂げる夢を見たという話があるから、吉祥天は奈良時代末にはすでに主尊として祀られていたことがわかる。

これに対して、弁才天が主尊として祀られるようになったのは平安時代頃からと推定され、それは本地垂迹の説による神仏混淆で日本古来の神と習合してからのようである。

穀神である宇賀御魂神や、海上の神である市杵嶋姫命に習合し、神道系の信仰と仏教系の信仰が合体したので、にわかに弁才天信仰が盛んになっていったと思われる。

それに『金光明最勝王経』に説くがごとく、弁舌・音楽・学問・除災・幸福を与える神であるうえに、宇賀御魂神が結び付いたので食物・富貴・名誉・福寿が加わり、人々の希いをほとんど聞き届けてくれる神としてみられるようになったからである。

したがって弁才天信仰には、神道・山岳信仰から発した修験道、そして仏教を母体とした日本独得の弁才天が形成され、広く民衆に信仰されていき現在に至っている。

仏教はその教義が確立するその過程において、仏教以前の神々やバラモン・ヒンドゥー教の神々がだいたいが悪神的神であり恐ろしい神であったものを、御仏の御慈悲と教えによって善神に立ちかえり、仏法護持の護法神に作り変える傾向を持っている。そしてそれらの神はほとんど天部の神にされているが、吉祥天と弁才天はインドの古代神話時代から麗わしい善神で、人々に恩恵を与える神として尊崇されていたのであるから、観世音菩薩の変化した神としてもよいのであるが、仏教においては菩薩の下の天部の神としてとどまっているのは何故であろうか。

ヒンドゥー教においてもブラフマン・ヴィシュヌ・シヴァが三大主神とされ、サラスヴァティー（弁才天）の存在はあまり大きくないが、日本においては市杵嶋姫命や宇賀御魂神と習合して、ようやくその存在が大きくなった。『金光明最勝王経』に説くがごとくもろもろの功徳があり、農業・海上の神としての恩恵を与える神であれば大日霊尊（おおひるめのみこと）（天照大神）にも比すべき神であるが、日本には天照大神という女性の絶対神があるのでこれには擬せられず、市杵嶋姫命や宇賀御魂神に擬せられるのは、宇宙神ではなく水と土地の神という観念が強いからであろう。

それだけに民衆との親しみは深く、希いを託し易い存在の神として人気があるのである。

平安時代には、竹生島に祀られた日本の神が習合して弁才天とされ、厳島も同様であり、日本の三弁天・五弁天と称されるものはすべて習合であるが、これらから勧請された弁才天が広まって中世は弁才天信仰は広く行きわたり、農業神・海上神・施福・学問・音楽・弁舌・戦闘神にまで発展し、多くの弁才天社が有名になって、時には土地の鎮守とし地主神としてまで祀られている。

こうした傾向から、土地神・五穀豊穣の神である倉稲魂命（宇迦御魂神）と結び付き易く、宇賀弁才天を生じるのであるが、倉稲魂命は稲荷神であるから弁才天が稲荷神とも夫婦神あるいは同体ともみられ、また稲荷神が狐を伴うところから、同じく狐（野干。野干は本当は狐でなくジャッカル）を伴う荼吉尼天と混同されたりする歴史を有するようになった。

ヒドゥー教の弁才天の像容

弁才天は、古代インドに発生した水の神サラスヴァティーである。

サラスヴァティー（Sarasvatī）のsarasとは水の意で、サラスヴァティーとは水を持てるもの、または水の流れの美しさからきた優美なものの意であるが、本来はサラスヴァティー河の名である。この河の流れの優美さと、やさしい水音のささやき、そして河が人に与えてくれるさまざまな恩恵に対する感謝から、河を神格化して美しい女神として祀ったことから始まっている。

また、ヒンドゥー教の聖典である『リグ・ヴェーダ』には神格化した河の名で登場し、河そのものを神としていたが、川の沿岸の住民が川岸で行う祭式の保護者としての女神とみるようになり、やがて祀るようになった。『ブラーフマナ』によると、サラスヴァティーはまたヴァーチュ（Vač）とも習合して同一神とみなされるようになった。ヴァーチュとは智恵の意である。

こうしたことから学問の神であることが付加され、河の美しいせせらぎは音楽や滑らかな弁舌、そして河の恩恵は豊穣至福、河水の強い力は戦闘、これらから来る増福などを司る神としての性格が整えられていった。

またサラスヴァティーはブラフマー（梵天 Brahmā）が作ったともされている。

インドの三大主神の一つブラフマーは宇宙を創造したが、その他多くのものを作り、その中で無垢な原質である水からサラスヴァティーを作った。水は浄化作用をするということから聖なるものとされ、それから女神サラスヴァティーを作ったが、彼はそれを妻とした。彼の作った妻はほかにもサーヴィトリー（Savitrī）チャータールーパー（Catarupā）などがいる。

なお、サラスヴァティーは『リグ・ヴェーダ』によると、神々の行う祭式にはその祝福を得るようにしばしば神を呼ぶ役をつとめているから、巫女的性格も有していたらしい。『ヴァージャサネーイ・サンヒター』では、神々が病気平癒の祭式を行うときに、サラ

サラスヴァティー
（アッラーハーバード博物館、同右書より）

サラスヴァティー（スンダラヴァル出土、せりか書房『ヒンドゥーの神々』より）

スヴァティーはインドラ神に言葉をもって精気をもたらせたということが記されているから、神々への取りつぎ役もつとめていたのである。この点、火神アグニ（Agni）の妻スヴァーハー（Svāhā）によく似ている。スヴァーハーは神の取りつぎ役であるから、神に御願いや感謝の言葉を述べてからスヴァーハーと名を呼ぶ。これが真言を述べるときの、最後のソワカ（莎訶・沙嚩賀・娑嚩賀・娑婆賀・薩婆訶）という語であり、真言の内容によって、目出度し・弥栄・成就させ給えなどと解し難解な用語となっているが、本来はス

サラスヴァティー
（ニューデリー国立博物館、
せりか書房『ヒンドゥーの神々』より）

ヴァーハーを呼び出す用語である。

サラスヴァティーは、このようにブラフマーがサラスヴァティー河の清浄な水から作った女神であるから、この点、ギリシャ神話に出てくる水の泡から生まれた美貌と叡智と幸福の女神ヴィーナスとよく似ている。

ではヒンドゥー教のサラスヴァティーに対する神としてのイメージはどうであったかというと、古代インドの女神達がそうであったように、愛の女神ヴィーナスと同じく曲線美と肉体美を誇る裸体で表現されることが多い。

インドのスンダラヴァルやアッラーハーバードまたはニューデリーの博物館に所蔵されて

いる石彫のサラスヴァティー像は、ヒンドゥーイズムの盛んな時代に作られたものであり、ほとんどが艶姿あらわな裸体か、裸身に近い薄衣をまとった姿で表現されているが、さすがにミトウナ（抱擁・交合）像は無く独尊として作られ、稀に脇侍を伴っている。

ヒンドゥー教で女神が裸体で表現されたり、ミトウナ像で表現されるのは、猥褻や媚態を誇示する意味ではなく梵我一致の境地や性の真髄から真理を求めようとする意味からであって、他教の者から見ると己れ自身に婬心を潜在させているので直ちに猥褻と判断してしまうのである。サラスヴァティー像もそうしたエロチックさを示すのではなく、それこそ無垢なる原質として示されているのである。そして富貴・叡智・才能を希う人々にその本質と外形を理解せしめ、神としての存在を示すために、宝冠を戴き宝石貴金属で作られたであろう頸飾・腕飾・釧（くしろ）・腰飾・足首飾をつけ、女神の理想的スタイルとして二つの椀を伏せたような豊満な乳房、くびれた胴と柔かく太い腰をくねらせて立つ。これらの表現はインド女神すべての表現に見られるところであるが、特にサラスヴァティーの場合には、美しい神として親しみを持たせ願いの告白を叶えて下さりそうな親近感を感ぜしめている。

他の女神と見分けが付くのは、その持物によってである。

サラスヴァティーは、その能力を示す約束事として二臂と多臂とがある。

二臂の場合にはほとんど琵琶を持っており、多臂の場合にはこのほかに水瓶・一茎の花・小太鼓・数珠・本などを持っている。

琵琶や小太鼓は音楽の神であることをあらわし、本は学問・弁舌、数珠は信仰と民衆済度による至福、水瓶は水の神であることを示していよう。

またインドにおいては八母神信仰があり、これは古代インドの八人の神々に配される大地母神信仰であるが、ブラフマーの妃はブラフマニーといわれ、その女神の持物は瓶または数珠であるのも、ブラフマニーがサラスヴァティーと共通あるいは同一神であることがわかる。

日本の弁才天の像容

日本の弁才天の像容は、ヒンドゥー教のサラスヴァティー像とはまったく異なる。
漢訳された『金光明最勝王経』に、

八臂をもつて自らを荘厳し、各弓、箭、刀、長杵、鉄輪幷に羂索を持し、端正にして見んと楽(ねが)うこと満月の如し

とし、八臂の場合は琵琶を持たず、武器を執ってあたかも戦闘神のごとくである。八世紀以降の日本の弁才天像はだいたいこれにのっとっていて、服装は頭上に宝冠を戴き、中国の隋唐時代の高貴な女性の服飾を身にまとっていて裸体は無い。これは仏教が中国に伝わり、『金光明最勝王経』が漢訳された頃からの服装がそのまま日本に伝わり、弁才天のユニホームとして踏襲されたから、現在に至るまで弁才天像というとこれである。国訳秘密儀軌編纂

局編の『新纂仏像図鑑』には、

弁才天は梵名を薩羅薩伐底（Sarasvatī）と云ひ、印度の神話より生じたる神にして、薩羅薩伐底河を神格化したるものなり。故に此の天は水に縁深く水神として池河の辺に祠り、或は龍に因む神話多く、今日伝説として残れるもの少なからず。又弁才天は妙音天とも訳し、妙音を出して衆生を悦ばしむる神とす。即ち大疏には薩羅薩伐底、訳して妙音天或は弁才天と云ふとあり。又同疏に美音天是は諸天の詠美を顕すものなり。乾闥婆と稍異なり、彼は是れ楽を奏するなり。薩羅薩伐底は美音なり。私に謂く此の妙音を以て衆生を悦可せしむ。言辞柔輭（じゅ）にして衆生を悦可歓喜を得しむとあり。然れども金光明最勝王経第七には、我当（まさ）に其の智恵を具足し、荘厳言説の弁を益すべし。若し彼の法師、此の経の中の文字句義に於て忘失せる所を憶持して、能く開悟せしむ云々と。智慧円満にして聡明の神となす。斯くの如く此の天は薩羅薩伐底河を神格化したるものにして、河水の能く流れて、常にささやきの音響を発するが如く弁才天も能弁にして妙音を発するを本性とし、音楽を司る神となすも、後世此の天を吉祥天と同じく福徳を與ふる神として祀らるるに至る。故に最勝王経第七には、彼の天女を讃し、加護を請求（しょうぐ）すれば福を得ること無辺なりと説けり。胎蔵界曼荼羅には外金剛部院の西方、那羅延天の傍に住し、白肉色にして琵琶を弾ずる形相を示すと雖も、金光明最勝王経には常に八臂を以て自ら荘厳す。各々弓・箭・刀矟・斧・長杵・鉄輪並に羂索を持ち、端正なれども楽（ねが）い観るこ

八臂の弁才天

と満月の如しとあり。左第一手に鉾、次に三鈷杵、次に弓、次に輪、右第一手に鉾、次に鈎、次に矢、次に索を持つ。然れども此の天は必ずしも美容なりとは限らず。最勝王経第七には、好醜の容儀皆倶に有り。眼目は能く見る者をして怖れしむとあり。印相は琵琶の印とて、左手の五指を伸べ仰げ、臍の辺に置き、右手大指を以て頭指を捻じ、余指を散じて運動して箜篌（くご）を弾ずるの勢をなす。真言は唵薩羅薩伐底曳莎訶とある。これによると、宝石貴金属の宝飾をもって身にまとうという記述もないが、また貴婦人的きらびやかな衣裳をまとうとも書かれていない。ただ八手に武器を執ることのみ記されている。

二臂の記述は無く、「妙音を出して衆生を悦ばしむ」とあるところから琵琶を持たしめたのであろうが、これはインドにおいて考えられたもので、弁才天本来は「河水の能く流れて常にささやきの音響を発するが如く」とあるのを、琵琶を弾じて「衆生を悦可歓喜せしむる」神としたのであるから、この姿が元であるが、いろいろの能力功徳が付加されて次第に多臂になったもので、インドにおいては二臂と六臂であるが、日本においては二臂、八臂、十臂が多く、稀に六臂もある。

中国は儒教君子の国であるから、インドの熱帯地方と異なって裸体に馴染まず、神仏として尊崇する以上は高貴な御姿でなければ納得しにくいので、隋唐時代の貴婦人の盛装姿に改められ、日本に伝わった仏教もそのままそれを踏襲し、次第にその服装も想像が加わってどこの国の服装ともつかぬ、いわゆる天女風の服装になってしまったのである。

ゆえに稲荷神が女神として表現された場合も、荼吉尼天が荼吉尼真天として表現された場合も、等しく日本における隋唐風のイメージの天女スタイルの服装であらわすのが常套となり、こうした面から弁才天と稲荷神、稲荷神と荼吉尼天の習合もしくは混同を生じる一因も作ったのである。

日本の神道系の神が弁才天と習合する以前は、奈良時代の高貴女性の盛装姿で表現されたが、弁才天と習合してよりは、いわゆる天女形の弁才天スタイルになってしまったがゆえに、神道系の神が弁才天として民衆に馴染むのも早かったのであろう。

しかし美女形で盛装した福徳神がなぜ武器類を手に執るか、これではまったく戦闘神の表現である。インド神話の中には弁才天が阿修羅と戦った話もあるから武器を執ってもおかしくは無いが、ほとんどの手に武器を持つというのは福神らしくない。もっとも戦うための武器でなく人の幸せを妨害する悪神夜叉類を退治追い払うための武器、怠惰よこしまな気持を破砕するための武器、福徳を希うことを邪魔する悪しき神を征服するための武器であるとすれば、納得できないこともない。

日本における大黒天は福徳神の最たるものであるが、インドにおいては摩訶迦羅という暗黒の神でシヴァの夜の姿であり、三面の忿怒相で戦闘神であるが、後に厨房の神となりやがて福神に変化した。天台宗の開祖伝教大師最澄は中国より帰朝に当ってこの神を感得し、比叡山の政所大炊屋に祀って以来日本にも大黒天信仰は拡まったが、この大黒天も三面の場合には、中央が大黒天・右面が毘沙門天・左面が弁才天で、毘沙門天と弁才天は手に武器を執っている。ゆえに中世の武家は大黒天を福分を与える神としてばかりでなく、戦闘神として崇めた。三面大黒の一面に弁才天が組み込まれるということは、弁才天が戦闘神でもあるという認識があったからであろう。八臂の弁才天の場合には六臂にそれぞれの武器を持ち、二臂に剣と宝珠を持って、福徳を示すのは宝珠だけであり、この点ヒンドゥー教の弁才天像とはいささか異なる。

日本においては、六臂は皆無とはいえないがはなはだ少ない。神奈川県茅ヶ崎市の浄見寺には丈十一センチの金銅装の弁才天鋳像があるが、六臂であってきわめて珍しい例とされる。持物は宝珠を除いて他は失われているが、おそらく武器を執っていたのであろう。頭上に冠をつけた跡が見られるが、おそらく宇賀弁才天であろう（一六七頁の図参照）。

日本の裸形の弁才天

日本の弁才天像及び画像のほとんどが前に述べたごとく天女形の盛装で表現され、ヒンドゥー教の弁才天のごとく裸形のものは無いはずであるが、現在裸形の弁才天、俗にいう裸弁天として有名な木像がいくつかある。

これはヒンドゥー教の裸形弁才天に倣ったわけではなく、本来は裸形に彫像してその上に弁才天に相応しい天女形の衣装を着せて祀ったものであるが、多臂の場合には衣装を着せ難いために作られず、裸形として彫った場合にのみ二臂の像であり、ほとんどが妙音弁才天として琵琶を弾じるポーズであったから、当初は琵琶も撥もあったのである。

それが長年月のうちに衣装が失われ、裸形のままになり、その裸形が弁才天として特殊なものとして好まれ、江戸時代には始めから裸弁天として祀るようになったのである。

理想的美女神の弁才天の裸姿が拝めるところに信者の人気が集まったのである。裸形やミトウナ像に何の不思議を感じないヒンドゥー教徒と異なって、神仏があられも無い御姿を見せるのは不敬と思っている日本の宗教においては、素裸の弁才天はまったく好奇の目で見られ、やがておごそかな仏像より親しみが込められるようになって、江戸時代以降一部で裸形弁才天が祀られるようになったのである。

現在、裸形弁才天像はいくつかあるが、その最も古いのは鎌倉時代に遡る。鎌倉時代の仏像彫刻は写実主義であったから、仏像も写実的に表現するために裸体から作り、それに仏像に似合う衣装を着せることが流行した。そのために手が動くように作られたり、肉体もかなり克明に表現された。

鎌倉市鶴岡八幡宮に所蔵されている、現在裸弁天といわれるのがその例である。

『新編相模国風土記稿』巻之七二　村里部鎌倉郡巻四　鶴岡八幡宮の部に、

鎌倉市鶴岡八幡宮所蔵（重文）
裸形弁才天（上）と着衣の弁才天（下）

弁才天
木像裸形腰布一枚彫出し　右脚裏に
文永三年丙寅九月廿九日戊戌
始造立之奉安置舞楽院
従五位下行左近衛将監中原朝臣光氏

と刻銘がある由が記されている。文永三年（一二六六）亀山天皇の御代で、この時に造像されたことがわかるが、中原光氏が自ら彫ったものではなく仏師に依頼して彫らせて奉納したものであろう。ということは逗子市神武寺の石造弥勒菩薩像の光背にも、「大唐高麗舞師本朝神楽博士　従五位上行　左近衛将監　中原光氏行年七十三　正慶三年庚寅九月五日」と彫ってあり、中原光氏は神楽博士つまり神前に奉納する舞楽関係の元締的官位にある立場で、信仰の厚い人物であったことがわかる。『新編相模国風土記稿』の編纂されていた頃はすでに裸形であり、おそらく裸弁天として聞こえていたのであるから、それ以前に衣装や琵琶が失われていたのか、衣装を脱いだまま祀られたのであろう。鶴岡八幡宮は、江戸時代にも火災に遭ったりしていて、場所を移したりするたびに身の廻りのものが失われ、ついに腰布一枚の彫出し姿となってしまったとも考えられるが、幸いなことに身体の部分に欠けたことがなく現在に至っている。

ほぼ等身大の横座りの姿で腰布が彫り付けられているので、腰から上と、腰布からはみ出した太腿と下肢が露出している。おそらく鎌倉時代の成熟した女性を模したものであろうが、インドの女性裸像のように乳房や腰を誇張していないのでボリウムとしての迫力に欠けるが、それだけにリアルで妙に生ま生ましく生きた弁才天に見える。前にも述べたごとく、この時代は写実的表現が流行したので、この弁才天像に限らず地蔵菩薩像（奈良県奈良市小川町伝香寺）、阿弥陀如来像（滋賀県浄光寺・兵庫県転法輪寺・京都市橋本家・埼玉県小島家など所蔵）にも裸形のものがあって、これらは最初は衣装をつけていたのであるが、時代と共に衣装は失われ、裸形として聞こえたのでそのままの姿で秘仏とされているものである。

鶴岡八幡宮の裸形弁才天は、宝冠をつけていたであろうから髪は宝髻に結って黒く塗られ、肉体は胡粉を主として厚く塗り、腰布は緑色である。初めから裸形として祀ったのでは無いことは、首飾りや腕飾り・釧や足首飾りをつけていた痕跡がまったくないことによってもわかる。流麗な肉体の線で、温雅な御顔とポーズははなはだ静的であるが、琵琶を抱いて撥で奏でれば、その妙音の輪があたりのしじまを伝わって拡がってくるようである。宝冠を戴き、きらびやかな天衣をまとえば、本当に弁才天が目の前に示現したごとき錯覚を起こしたであろうし、またそう思わせるための造像である。

この像は、明治の神仏分離令により鶴岡八幡宮別当の寺が廃されてから納(しま)い込まれていたのを、大正十二年の関東大震災後に発見され、現在同社の国宝館に展示されている。

これより時代はやや降るが、江島神社にも裸形弁才天があり、これが同社の八臂の弁才天像より有名なのは、女性のシンボルまで克明に表現されているからである。同じく『新編相模国風土記稿』鎌倉郡巻之三十八　江島弁天社の項の上ノ坊の什宝に、

妙音弁天木像軀 慈覚作 一尺五寸

とあるのがこれに該当するらしい。妙音弁天と称するから琵琶を弾じる姿であることは確かで、下宮にも一像弘法大師作と伝える弁才天は八臂で二尺五寸（七五センチ）で衣装も彫り出

江島神社の裸形弁才天　修復前（上）と修復後（下）

した座像であるから、裸形ではない。裸形弁才天は、琵琶を弾じるポーズで高さ一尺八寸（約五五センチ）で半跏趺坐しているが、長年月の間に宝冠も衣装も琵琶も失われ、神仏分離令以後は粗末に扱かわれたらしく、塗った胡粉もはがれ、左手下膊部と左下肢、右足首や指が失われてしまっていたが、吉川霊華・明珍恒男両氏によって修補されて塗り直したために妙に生ま生ましくなった反面、御顔も旧態のときの面影と少し異なったようである。欠損部は木を彫って補い、布を着せて胡粉の厚塗りとし、秘部まで色を差してあるので格調の点においてはおちるが、それだけに生ける弁才天として身近に感じて人気があるのであろう。

これもおそらく室町期頃の若い女性をモデルにしたのであろうが、乳房も鶴岡八幡宮の弁才天よりふくらみ、小像ながら肉感的で流麗の線で構成されている。

江戸時代にはすでに衣装が失われて裸弁天としてその艶姿を拝ませていたらしく、江戸時代末期の『想山著聞集』には、田沼家を浪人した者が、この弁才天に恋をして参籠したところ弁才天がその願いを聞き容れてミトウナしてくれた、という話が載っていて一層有名になった。

これは、前にも記した和泉国血渟の山寺の吉祥天像に優婆塞が恋をして、その交情がきき届けられたという『日本霊異記』の話と同じで、この話から田沼家の浪人の話が作られたものであろうが、そうした話が作られてもおかしくないほど色気ある裸体の弁才天である。

『想山著聞集』にはこのほかに、愛知県豊川三明寺の匂い弁天の話も載っており、近世はとかく弁才天というと色気ある親しみある女神として人気があった。

こうしたことから、江の島の裸形弁才天を模したものが江戸時代にはいくつか作られ、それぞれ信仰の人気をあおった。

埼玉県飯能市小岩井無量寺の裸弁才天は江の島の弁才天像を模範としたもので、これは初めから裸形弁才天として祀るためのものであったらしい。この弁才天を寄進したのは飯能生まれの盲人で、日頃江の島の裸形弁才天を厚く信仰し、その霊験によって琵琶で匂当の地位

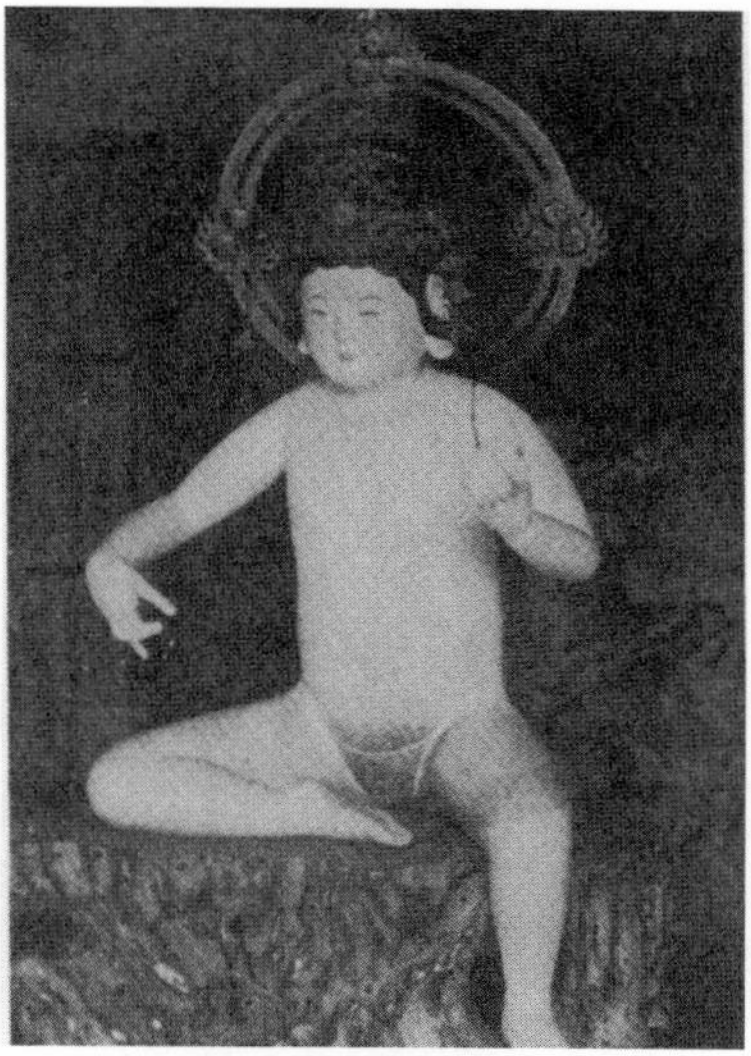

を得、やがて検校になった木村氏が津田丹治に造像させたものである。像には「宝暦十年（一七六〇）九月二八日　津田丹治藤原勝重作」の銘があるという。

像は江の島の裸形弁才天を模したといわれるが、本歌（ほんか）を傍に置いて寸法を測りつつ模作したわけではなく、おそらく図像を描いて見本とし、また丹治自身のイメージもあることであるから、寸分違わずということは無理で、高さも約二尺（約六六センチ）でわずかに江の島より大きく、また胴が少し長いしくびれも目立たない。琵琶を抱える両腕の位置も少し高く、股間の女性のシンボルも少しくリアルである。首は宝髻に宝冠をつけ、耳の下部が外に開きかたが強い。御顔は眉や目・口が小さく細くて江戸人形のようであるが、それだけに優しい慈顔となっている。

飯能市小岩井無量寺の裸形弁才天

岩上の平らな所に座しているので秘所が丸見えになっていて、これは意識的にそうさせたのであろう。背部に、二重輪の三か所に三弁宝珠が火焔に包まれたものをつけた光背を置いている。琵琶を弾くポーズであるが、琵琶を持たぬだけに人を抱擁する形にも見え、ヒンドゥー教のミトウナの女像をも想わせる。

世にこの弁才天像を「くすぐり弁天」というが、ある部分をくすぐると、にっこり笑うというのでつけられた名らしい。

この津田丹治は、同型の裸形弁才天を江戸深川の冬木弁天堂にも納めたといわれる。東京都江東区冬木二十二番地にあるのがそれで、ここは大正十二年(一九二三)の関東大震災で焼失した後に再建したが、昭和の戦災でふたたび焼失し、新しく堂を建てているから津田丹治作の弁才天は今は無い。

『江戸名所図会』揺光之部巻之七に、

弁才天社

同所一の橋の南の詰にあり。祭る所相州江島に同じ。元禄のはじめ惣検校杉山氏勧請すとあり、これは本所一ツ目の一の橋の南、深川八幡宮御旅所の傍である(現在、東京都墨田区千歳一丁目八番地あたりの江島神社と杉山神社のある所である。ここには杉山検校の碑〔点字石碑〕がある)。惣検校杉山氏とは奥州の産の杉山信都(けいいち)のことで、盲人として天下に有名になろうと志して、江の島弁才天に祈って三七日の参籠をし、鍼術の妙をさとり杉山流という一派を創始し、台命を蒙って営中に召されるほどの出世をした。元禄の初め、この地一町四方を賜わって瞽者を総轄する立場になったので、ここに江の島弁才天を勧請して祈り、毎年二月十六日と六月十九日には、瞽者が弁才天の前に集まって琵琶を弾じ平曲を奏したという。その杉山検校の徳を慕ったのが杉山神社であろうが、江島神社は江戸時代の弁才天社である。

名古屋市桃巌寺の「愛の眠り弁天」

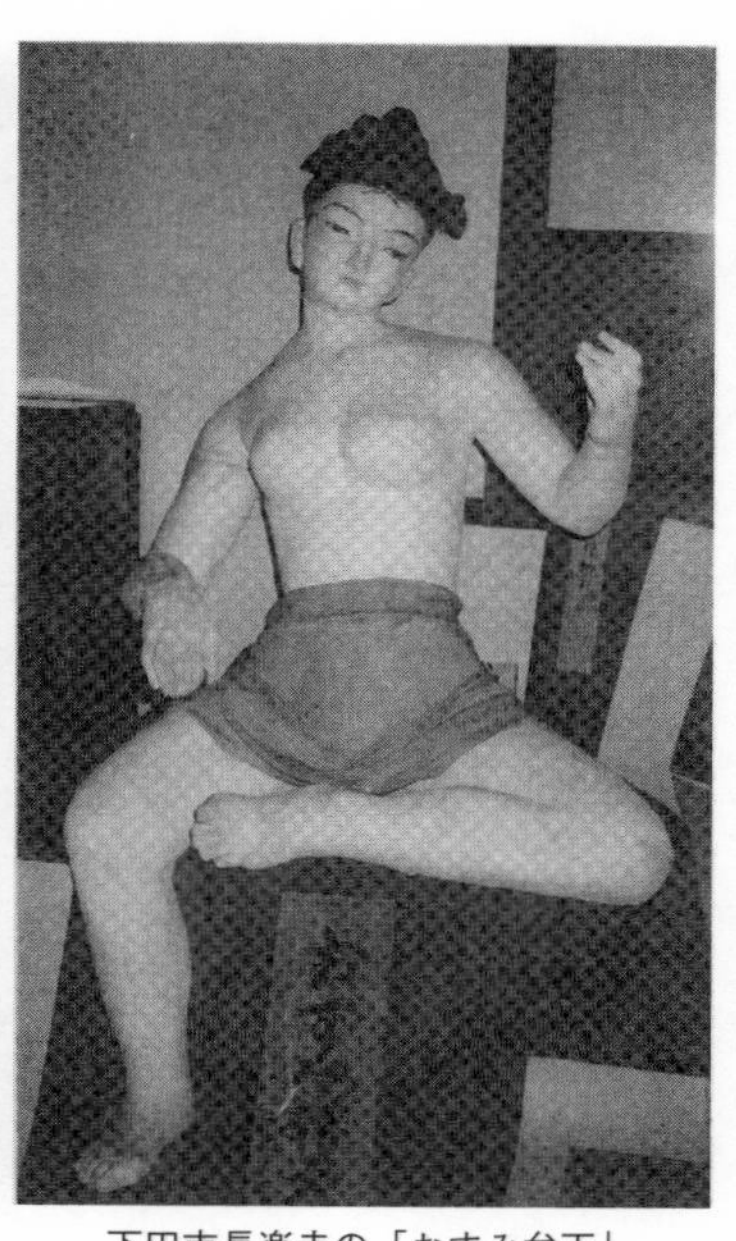
下田市長楽寺の「おすみ弁天」

前にも述べた埼玉県飯能市小岩井無量寺の裸形弁才天が、木村検校が報恩のために江の島の裸形弁才天を模して奉納したのはおそらくこの杉山検校に倣ったものであろうから、この本所の弁才天も裸形であったと考えてよい。

しかしここは大正十二年の関東大震災と昭和の大空襲で焼失した地域であるから神社は戦後のものであろうし、弁才天像も江戸時代のものではあるまいから、現在は裸弁才天であるかどうか。

このほか昭和の戦後であるが、静岡県伊豆下田市の長楽寺の「おすみ弁天」、静岡県静岡市久能山日本平の「桃の島弁天」、愛知県名古屋市の桃厳寺の椅像の弁天など、ヌード弁才天がいくつか造像されて祀られ、お色気ある弁才天として人気があるが、これらは初めから衣裳をつけず裸体を拝ます目的に造像されたものである。

二臂と多臂の弁才天

弁才天女は『大疏』に記されるごとく、妙音を出して衆生を悦ばせる神であるから、ヒンドゥー教でも琵琶（ウィーナー）を弾じている石像で表現されているが、弁才天の功徳の範囲が拡がるにつれて、その能力を示す方便として手の数が増えてきている。

これはインドの宗教で造像された神像の表現が、多臂によってその能力をあらわしていることが中国に伝わり、仏教の伝来とともに日本にも踏襲されたもので、仏教圏・ヒンドゥー教圏の東方および南方諸島ではすべてこの表現が行われている。

キリスト教および回教、そして古代文明の中近東ギリシャ・ローマ帝国の神々には見られない手法で、視覚によってその神の能力を知ることのできる便利な独特の方法である。

ただし、これには約束事があって、二臂のごとく胸前方に位置する手が、多臂の場合でも、その神本来の主とした能力を示し、他の手はその神の信仰形態が拡まる過程において増加された能力を示すものである。

インドにおけるサラスヴァティーの場合、河水の神格化から生じた神であるから始めは二臂であって、『金光明最勝王経』に説くがごとく、「河水の能く流れて常にささやきの音響を発するが如く弁才天も能弁にして妙音を発する」というように、妙なる音の優しさをあらわす手段として琵琶を弾ずる二臂の弁才天であったのである。

前述のインドのスンダラヴァル出土のサラスヴァティー石彫立像（一二頁の図参照）も琵琶を弾じている姿であり、日本の妙音弁才天と称されるのもこの系統のものである。ただし、琵琶は撥面が小さく棹が長くあたかも三味線に近い形であるが、日本の場合は中国で行われた、いわゆる琵琶形の琵琶である。

このインドのサラスヴァティーは、他の女神像と同じく裸形か裸形に近い薄衣をまとい、宝石金属類で各部を荘厳し宝冠をつけたものである。

日本の妙音弁才天の場合には、前に述べたごとく特殊の裸形を除いてほとんど中国の貴婦人の盛装にも紛う天女衣風の衣装をまとい、琵琶を弾じている場合には立位は無く座像である。

多臂の弁才天の中で四臂のものは日本には見られず、インドのニューデリー博物館蔵の立像（一三頁の図参照）に見られる。これは右手に一茎の花と数珠、左手に本と水瓶を持っている。

水瓶はサラスヴァティー河の恵みであり、出自が水神であることを示し、本はヴェーダ期

二臂の裸形妙音弁才天

二臂の妙音弁才天

八臂の弁才天立像

八臂の宇賀弁才天坐像

以後の神話において学問・叡知の神とされたために、書物を持つようになったのであろう。花は生産・豊穣のしるし、数珠は信仰であろう。

またアッラーハーバード博物館所蔵のサラスヴァティー石彫立像（一二頁の図参照）も四臂のようで、二臂で琵琶を弾じ、他の二臂は欠損しているが小太鼓と数珠を持つ手のようである。

小太鼓は、琵琶とともに音楽の神であることを強調したものである。

六臂はインドでは見られず、日本においても稀であって、『大正大蔵経図像』に、右手に斧鉞・剣・矢、左手に独鈷・弓・棒を持った立像が描かれ、これらはすべて武器であるからあたかも戦闘神のごとくであり、衣装から見てもおそらく中国で造られたイメージがそのまま日本において踏襲されたものであろう。そこには音楽・学問などを示すものは見られない。宮城県金華山の弁才天は、この六臂で雲龍に乗る姿であるといわれるが、龍は蛇の属で蛇は土地や河水などの水に縁があり、弁才天の本質を示している。金銅鋳像では、神奈川県茅ヶ崎市の浄見寺蔵のものに見られる（一六七頁の図参照）。

インドでは多臂の神々が多いにもかかわらず、サラスヴァティーの八臂は見られず、日本における宇賀弁才天はほとんど八臂である。

『金光明最勝王経』にも、「常に八臂を以て荘厳す」とある。手にするものは弓・箭・刀稍・斧鉞・長杵（独鈷）・鉄輪（輪宝）・羂索などであり、これらはほとんど武器であるが、奈良市の徳融寺の宇賀弁才天は（一九三頁の図参照）、右手に鍵・長杵・矢・剣、左手に三叉戟・輪宝・弓・蓮花上の宝珠で、これが八臂の場合に普遍的に見られる持物である。鍵と宝珠は武器ではなく、稲荷神と習合した結果の福徳のシンボルである。

鍵は宝物や五穀を積んだ蔵の鍵、宝珠は希うことの叶う如意宝珠である。

こうした宇賀弁才天は、ほとんど宝髻をめぐって飾る宝冠の正面に人面蛇身の宇賀神を配したり、さらに稲荷鳥居を置くのを常とする。

そしてこうした場合には、弁才天の左右か前に十五童子もしくは十六童子を配し、時には脇侍として大黒天と毘沙門天、そのほか日本神道系の神を数神加えることもある。八臂の場合には、ほとんど武器を持ちながら福神として祠られている。

珍しいのは十臂の弁才天で、これは天川弁才天が修験道系によって構成された「天川曼荼羅図」では、胸前で両手で合掌し、右手には宝珠・釜・宝珠・鍵、左手に宝珠・俵・宝珠・巻物を持って武器類は一切持たず、生活に重要な存在である釜と俵の食料具と、多くの望みを叶えるために如意宝珠の数を増し、富福の鍵と、智恵・学問のための巻物を持っていて、すこぶる庶民の願望を叶えてくれそうな神力を有しているような図柄である。

ただし、これも異色と思われるのは、麗わしい天衣を装い二天女に捧げ持たれているにもかかわらず、御貌（かんばせ）が三つの蛇頭で恐ろしい目付をしていることである。弁才天は蛇に縁があるので、蛇体を弁才天とする例も稀にはあるが、こうした表現の弁才天は珍しい（五三頁の図参照)。

ただし、奥吉野弥山の麓に鎮座する天河大弁財天社の御神体は、麗わしい美女形の八臂の弁才天である。

宇賀弁才天

日本における弁才天は、はじめは妙音弁才天として伝来したのであるが、日本の産土神である稲荷神と結び付いて宇賀弁才天となり、多くの信仰を獲得し、弁才天としては宇賀弁才天の方が多い。

稲荷神については御神体に諸説あるが、その中で穀霊である宇賀(迦)御魂神(倉稲魂神)を稲荷神として、これに弁才天が習合して宇賀弁才天なる日本独得の弁才天を生じたのである。

宇賀御魂命は保食の女神と同体もしくは夫婦神とされ、日本で作られた仏説では人頭蛇身の神として蛇とされ、蛇は土地や水に縁があり豊穣を希う神であるが、弁才天も蛇や水に縁のある神で、豊穣につながる福神である。土地の神として稲荷神が広く信仰されたのと同じく、弁才天も水辺の土地に多く祀られ、潤沢な水を希望したり、水の恵みによって豊かな産物が得られて幸福に至りたいという人々の願いが托される神である。両神ともに、これらのよく似た性格と人々の希望に答える能力を付与されているので、混同され、一体の神として

典型的な宇賀弁才天
（奈良市伝香寺、東京美術『目で見る仏像』天より）

習合されやすかったのである。

まして本地垂迹の説により、伝来した仏教の神が古神道の日本の神として示現したとする見方によれば、弁才天が宇賀神として日本に現われたと当てはめるのは、仏教優勢の中世にあっては至極当然の採り上げ方であった。

この習合をさらに確たるものにしたのは、密教の『弁天五部経』である。

この『弁天五部経』は、中国の唐時代の不空三蔵がインドの経典を漢訳したものとされたが、インドや中国に宇賀神なるものは無く、これは明らかに日本の穀霊を神格化した神であるから、中世において誰かによって作られたものである。それは、

『仏説最勝護国宇賀耶頓得如意宝珠陀羅尼経』

『仏説即身貪転福徳円満宇賀神将菩薩白蛇示現三日成就経』
『仏説宇賀神王福徳円満陀羅尼経』
『仏説大宇賀神功徳弁財天経』
『大弁才天女秘密陀羅尼経』

の五部の経で、これによると、宇賀御魂（倉稲御魂）神は完全に弁才（財）天ということになる。その功徳は五穀豊穣ばかりでなく、如意宝珠の力によって希うことはことごとく叶い福を得ることとなり、あわせて弁才天本来の能力である音楽・学問・叡智までの力を援けて下さるという、人の希いとしての万能の神として認めたのであるから、広く信仰されたのは当然である。

そして二神習合一体神となったことをあらわすために、六臂の弁才天にさらに二臂を加え、それに稲荷神の福徳のシンボルである鍵と宝珠を持たしめ、さらに宇賀神をあらわす人頭蛇身や稲荷鳥居を宝冠の正面に据えた。これらは妙音弁才天には無いしるしである。

また宇賀御魂（倉稲御魂）神の「ウガ」は梵語のウガヤと似ており、ウガヤは白蛇を意味するから、弁才天が蛇に縁があるのと共通するし、弁才天を龍女とみる説からも、蛇で表現される宇賀御魂神に当てはめられる。

日本三弁天として有名な竹生島が弁才天を祀るとされたのも、宇賀神が祠られていたからである。弁才天はこうした土地の神であるところから、密教では寺の鎮守として弁才天を祀ったので神社もこれに倣い、農民・漁民なども水辺に小祠を祀り、ときには蛇体を象った石を弁才天としたのは、蛇を媒介とした習合ともいえる。そして神社を寺が管理した場合に、密教においては「宇賀神の法」という修法まで行われた。

宝冠に宇賀神をあらわす場合に、長髯を生やした老人の首に体はとぐろ巻いた蛇とする場合と、白蛇のとぐろ巻いた形に稲荷鳥居をつけるものとがあり、これは日本独特のものである。つまり稲荷と合体したことを示すシンボルである。

弁才天と十五童子

この『弁天五部経』の中の『仏説最勝護国宇賀耶頓得如意宝珠陀羅尼経』には、弁才天の随侍として十五童子というものが記されているが、後には善財童子を加えて十六童子とすることもある。

これは般若守護の十六夜叉、別名十六善神に倣ったものであろうが、この十六童子が弁才天への取次、功徳の下達、給仕などの補助役をつとめる侍童神である。

弁才天は天衣姿でいるが、これら童子は隋唐風俗に倣った日本独得の袍に、童子形の美豆羅(みずら)に結った姿であるのは、この童子達が日本で作られた童子神であるからである。十五童子は一日より十五日まで交替で日々給仕し、弁才天の生活と活動を支えているのであるから、仏神の中ではなかなか贅沢な女神であるといえよう。

その役と名前は次のごとくである。

一、印鑰童子

一名麝香童子ともいい、その本地は釈迦如来とされるから、本当は弁才天よりはるかに偉い立場であるが、御慈悲深い釈迦如来は、弁才天の功徳を充分発揮せしめるために給仕の童子に変じたのであろうか。童子美豆羅の結髪に袍を着て立位で侍し、右手に宝珠を持ち、左手に鑰(鍵)を持つ。八臂の宇賀弁才天の場合、弁才天自身も宝珠と鑰を持っているから、人々の願いを叶えるのはこれで充分のはずであるが、侍立する印鑰童子も宝珠と鑰を持つのはスペアであろうか、またもっと多くの願いを叶えてやるという配慮からか。この童子が宝珠と鑰を持つのは、弁才天が人々の願い(宝珠と鑰を希望する)を叶えてやるときに、それの受け渡しを勤める役であるかも知れない。

普通、宝珠と鑰を持つのは弁才天と習合混同した場合の稲荷女神で、ときには宝珠と稲束を持つか、宝珠と剣を持つ。この表現は稲荷神と習合した荼吉尼天にも見られる。とにかく印鑰童子は宝珠と鑰を奉持する役である。これの印相は金剛印である。

二、官帯童子

またの名を赤音童子といい、本地は普賢菩薩である。これも天部の弁才天より上位の仏神である。右手を上げて帯の端を持ち、左手を下方にして帯のもう一方の端を持って

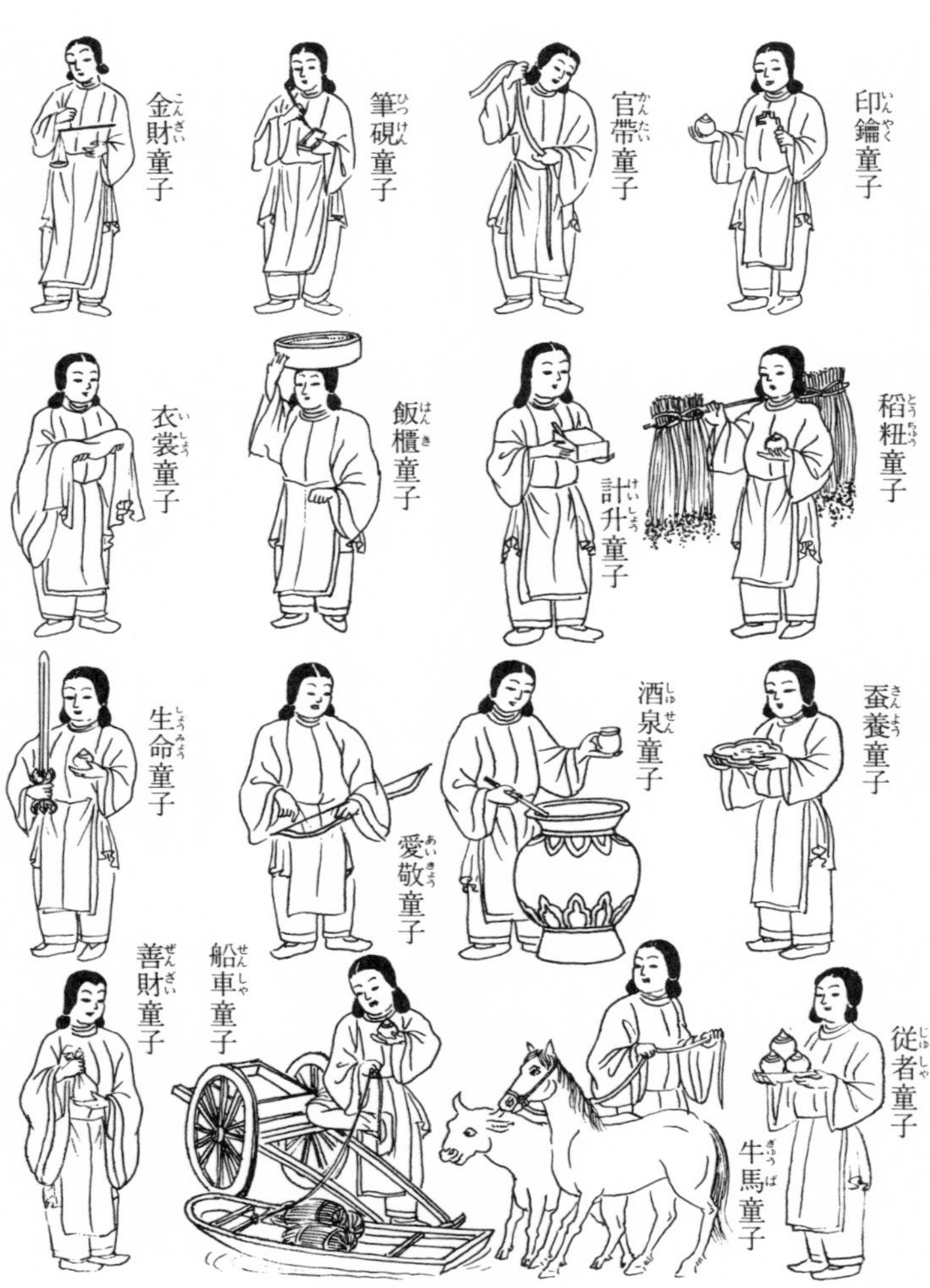

弁才天の脇侍の十六童子

下に引く形とするか、両手に捧げて持つポーズをとる。印相は金剛合掌印である。

三、筆硯童子

一名香精童子ともいい、本地は金剛手菩薩である。右手に筆、左手に硯を持つ。書記役かとも思われるが弁才天は学問の神でもあるから、学問・弁舌・叡知などの向上を願う人のために、弁才天が功徳を示すときにこの童子が功徳の取次ぎをするのであろう。印相は普供養の印である。

四、金財(こんざい)童子

またの名を召請童子といい、本地は薬師如来である。右手に秤(はかり)の柄の中央についた紐を持ち、左手は秤量（分銅）を持つ。弁才天が、金銀財宝の願いを叶えてやるために、頒け与える財宝を計る役であろう。人の願いをよく勘考して、分に応じた功徳を与えるためには秤が必要なのであろう。会計支出係りといったところであろうか。印相は刀印である。

五、稲粈(とうちゅう)童子

またの名を大神童子といい、本地は文珠菩薩。右肩に天秤の稲束を担いで天秤を右手で支え、左手に宝珠を持つ。これは稲荷女神や稲荷女神に擬した荼吉尼真天と同じ持物である。岡山県高松の最上稲荷や、愛知県豊川稲荷と称される荼吉尼真天がこの持物である。弁才天が稲荷神と習合したから、稲荷神の功徳を稲粈童子に表現したものであろう。印相は剣印である。

六、計升童子

一に悪女童子というが、なぜ悪女というか不明である。この場合の悪は善悪の悪ではなく、強いという意味であろう。女としているが他の童子と同じ服装である。本地は地蔵菩薩であるから、人々の苦しみを救済する慈悲深い本心を持っているのであろう。計升は穀類の量目をはかる升のことであるから、五穀豊穣で収穫多きを願う人々に分に応じて計り与える役であろう。稲粈童子が生産担当としたら、計升童子は配給係りである。印相は金剛印である。

七、飯櫃童子

またの名を質月童子といい、本地は栴檀光仏。頭上に飯櫃を乗せて右手でこれを支え、左手は拳として腰に当てる。食生活を満たして欲しい人民の願いを叶えるときの係りであろうが、弁才天の食事をも司るのであろう。それにしても、炊いた飯まで用意する係りがあるとはなかなか現実的である。印相は普利衆生印である。

八、衣裳童子

またの名を除咖童子といい、本地は摩利支天である。両手で衣裳を捧げて持つ。おそらく民衆の願いの中には、美服願望もあるであろうし、富貴の者は美服を着るから、富貴願望を叶えられたときに美服を与える係りであろう。印相は内縛印である。

九、蚕養(さんよう)童子

一に悲満童子ともいい、本地は勢至菩薩である。両手に蚕を入れた器を捧げて持つ。養蚕して織物による富を希う者への恩恵の係りであろうが、これは養蚕農家の人々にも信仰せしめるよう、はなはだレパートリーの広い恵みを与える弁才天として、このような事細かの分担童子を設けたのであろう。印相は外縛印である。

十、酒泉童子

一に密跡童子ともいい、本地は無量寿菩薩である。前に酒甕を置き、右手に杓柄を持って甕の中の酒を汲む態を示し、左手には宝珠を持っている。本地が無量寿菩薩だけあって、酒は美味百薬の長で、適度に飲めば延命長寿の薬であり、人をして快よくするものであるから、これも幸せの一つ。まして左手に、何事も意のごとく叶えられる霊力を示す宝珠を持つのである。目出度い係りの童子である。印相は未敷蓮華印である。

十一、愛敬童子

一に旋願童子といい、本地は観世音菩薩である。右手に矢と左手に弓を持つ。これは弁才天が八臂のときの持物であるから、弁才天の弓矢のスペアを持つ役であろうが、弁才天の命令によって人にふりかかる災悪の魔を退治する役でもあろう。除災の意味の武器である。印相は開敷蓮華印である。

十二、生命(しょうみょう)童子

一に臍虚童子といい、本地は弥勒菩薩である。右手に不動明王のように剣を立てて持ち、左手は胸前で宝珠を捧げ持つ。八臂の時の弁才天の持物と同じである。印相は内五胡印である。

十三、従者童子

一に施無畏童子ともいい、本地は龍樹菩薩である。宝珠を盤に捧げて両手で持つ。如意宝珠は何でも意のごとく願い望みが叶う有難い珠であるから、本来は一つでよいのであるが、弁才天に願望を祈る人々があまりにも多くて、一つの珠では賄いきれないとみえて、弁才天のまわりには多くの宝珠が用意されている。そうした宝珠の中で最も偉大な宝珠であるから、盤に恭々しく供えて捧げ持つのであろうか。仏神には宝珠を持つものはいくつかあるが、弁才天ほど身のまわりに多くの宝珠を有している神は他に無い。福神であることを強調している。印相は外五胡印である。

十四、牛馬童子

一に随令童子ともいって、本地は薬王菩薩である。牛や馬を索いて立つ。博労のような係りである。人々の中には牛や馬を欲する者もあろうし、牛馬が労働力として元気に働いてくれることを願う者もあろう。弁才天は人々のために、こうした点まで気配りしてくれているのである。印相は内五股印である。

十五、船車童子

一に光明童子ともいい、本地は薬上菩薩である。右手で川舟の綱を索いて持ち、左手に宝珠を捧げて持つ。人々の中には船や荷車・乗用の車の欲しい者もあろうし、こうした船車を使って物を運び富み栄えたい者もあろう。そうした商売にたずさわる人々の願いを叶えてやるために、この係りもある。印相は外獅子印である。

以上十五童子をそろえて、人間の欲望のあらましを叶えてやろうという弁才天の温かい配慮を示すために、弁才天の回りに囲繞しているのである。

このほかに善財童子を加えて十六童子とすることがあるが、これは一名乙護童子といって、袋の口を右手で握って持つ。善財というから宝や金の入った袋であろう。金福を願う者に頒け与える係りであろう。印相は外獅子印である。

このように弁才天には、如来や菩薩の多くが童子に変身して弁才天の功徳に協力してくれているのであるから、人々の欲望願いに対しては万能の仏神ということができる。この十六童子をそろえて弁才天の功徳の範囲を拡めたのは『弁天五部経』が作られてからで、中世からの弁才天信仰に一層拍車をかけている。

このほかに神道の神が脇侍したり、稲荷神や荼吉尼天が付き従ったり、さらに大黒天と毘沙門天が脇侍することもある。

この二神が弁才天に付くのは、三面大黒天の影響と思われる。

このほかに「天川曼荼羅図」の弁才天に付き従う十五童子は、牛・鹿・狐・白蛇・鶴・馬に乗り、三つの蛇神を配したりしている。

弁才天と荼吉尼天

弁才天が稲荷神と習合して宇賀弁才天を生じたが、稲荷神を女神とした場合には弁才天と紛うほどの天衣に盛装して狐に乗った姿で表現され、同じく狐（野干）に乗る荼吉尼天が稲荷神と習合したために、荼吉尼天も弁才天と混同される傾向を生んだ。

この複雑な習合は中世からで、平安時代末期から鎌倉時代初期にその痕跡が見られる。たとえば『源平盛衰記』以巻第一　清盛行大威徳法　附行陀天並清水寺詣事の条に、平清盛が若い頃、立身出世を願望していたが貧しくて悩み、いろいろの仏神に祈ったが効果がなく、あるとき蓮台野で狩をしたときに、

> 大きなる狐を追出し弓手に相付て、既に射んとしけるに狐忽ちに黄女に変じて、莞爾と笑ひ立ち向って、やや我命を助け給はば、汝が所望を叶へんと云ければ、清盛矢をはづし、如何なる人にておはすぞと問ふ。女答えて云く。我は七十四道中の王にて有ぞと聞ゆ。さては貴狐天王にて御座（おわします）にやとて馬より下りて敬屈すれば、女又もとの狐と成てコウコウ鳴き失ぬ。清盛案じけるは我財宝にうえたる事は、荒神の所為にぞ、荒神を鎮め

て財宝を得んには弁才妙音に不如。今の貴狐天王は妙音の其第一也。さては我陀天の法を成就すべき者にこそとて、彼の法を行ひける程に、又返して案じけるは実や外法成就の者は子孫に不伝と云ものをいかが有べきと被思けるが、よしよし当時のごとく貧者にてながらえんよりは一時に富て名を揚んにはとて被行

とある。清盛が若い頃に、狩をして大きい狐を追いつめ、まさに射殺そうとしたときに、狐は黄衣の姿の美女に変じて、清盛に向ってニッコリと笑い、「わたしは七十四道の王であるぞよ」といったので、清盛は驚いて「それでは貴女は貴狐天王で御座いましたか」と、あわてて馬より飛んで降り、うやうやしく礼拝すると、その美女はまた狐の姿に戻ってコンコン鳴きながら逃げ去った。そこで清盛がつくづく考えるには、自分がいくら努力しても貧しいのは荒神が邪魔をしているからである。荒神をなだめて邪魔をしないようにしてもらうのには、妙音弁才天に御願いすればよいであろう。今逃げた狐は貴狐天王であるから、貴狐天王は弁才天と同じである。その弁才天に御願いをするためには、陀天（荼吉尼天）の法を修すれば弁才天が我が願いを聞き届けて下さるであろうと考えが帰結して、一心に陀天の法を修した。ところが途中でまた思案して、陀天の法というのは修法の中でも正統のものではない。正統でない修法を行うと、願いが成就してもその富栄えはその人一代限りで、子孫にまで富が栄えないといわれているから、果してこの修法はよいものであるかどうかと迷った。しかし現在の苦境を思うと、自分にとっては現在こそ大切なのであるから、たとえ子孫が衰微し

ようとも、いま幸運を摑んだほうがよいと心にきめて、一心に陀天の法を修したというのである。これの効験あってか、清盛は次第に出世し富み栄え、位人臣を極め、平家にあらずんば人にあらずと驕り高ぶるほど一門繁栄したが、「外法成就の者は子孫に伝えず」の通り、次の代で滅亡してしまったのである、と『源平盛衰記』の著者は平家滅亡の因縁をここに認識させようとしているのである。

また『源平盛衰記』同巻の清盛捕化鳥竝一族官位昇進の項にも、清盛が出世栄達した理由として信仰の利益は、

威勢は大威徳天　福分は弁才妙音陀天の御利生也

といわしめている。この『源平盛衰記』に記される弁才天に対する認識は、貴狐天王（白晨狐王菩薩）は稲荷神であり弁才天でもある。ゆえに弁才天は荼吉尼天（白晨狐王菩薩）でもあるという複合習合した考え方が、当時すでにあったことを示している。清盛と狐に関したこの話が本当にあったことかどうかは別として、清盛が厳島神社を厚く信仰したことは事実であるから、弁才天を信仰したことも事実である。その弁才天が稲荷神と習合し、狐を通じて稲荷神と混同された荼吉尼天信仰も当時すでに行われていたことを証する一例である。

もっとも荼吉尼天は仏教に採り入れられてからは、人の死を六か月前に予知し、屍肉を食う恐ろしい仏神であり呪詛神とされているが、その出自は古代インドにおいてダーキニーという地母神で豊穣の神であるから、日本の稲荷神と同じ性格であるのが本来の姿である。

弁才天・稲荷神・荼吉尼天の相様の共通点

ゆえに修験道の一部や仏教の一派では、稲荷神に習合して同一視されていた。弁才天も御利益のレパートリーははなはだ広く、福の神にもされ豊穣生産も司るから、稲荷神に混同されることも当然である。それに外見から見ても、弁才天と稲荷女神、荼吉尼天は区別のつかぬほど共通の衣装をまとった美女形で、ときには剣と宝珠を持つことまで同じである。

ただし、二臂の妙音弁才天は琵琶を弾じる姿であるから、一見して区別が付く。多臂であるのは弁才天だけで、稲荷神も荼吉尼天も二臂であるし、この二神はときとして稲束を担ぐことがあるから弁才天とは異なる。

また『源平盛衰記』の中で、荒神が邪魔をするから弁才天に頼んでなだめてもらうという考えは、東洋の宗教にはおりおりみられるパターンである。インドでもヴィナーヤカ（ガナパティ　日本では聖天という象頭人身の仏神）の悪逆を改心させるために、十一面観世音菩薩が美女形となって現われて身を許して善神にさせたと伝えられ、日本においても、江の島の対岸の津村に棲む悪龍が江の島の弁才天に恋慕したので、弁才天が身を許して善神に立ちかえる約束をさせたという例がある。こうした悪神に対して、美女形の善神を配して悪業を止めさせるという考えは、美女と野獣の話のごとくはなはだ人間的思考である。清盛の場合は、弁才天にお願いするために陀天の法（荼吉尼天法をもって弁才天に訴え願ったのである）を修した結果、弁才天が荒神をなだめたということになる。

蛇頭の弁才天

『新纂仏像図鑑』に、

弁才天は（中略）水に縁深く水神として池河の辺りに祠り、或は龍に因む神話多く、今日伝説として残れるもの少なからずと記されているが、弁才天本来の姿は古代インドにおいてサラスヴァティー河の神格化から生まれた女神であり、河水は土地の低い所を選んで流れるために滑るよう曲折して流れ、そのさまは蛇が土地の上を這うごとくであるから蛇行という言葉通り、河水と蛇は縁があり、サラスヴァティーも蛇と関係が深い。

日本においても弁才天は蛇龍と縁があり、島か池河のほとりに祀られ、ときには蛇体の形象をもって弁才天として祀る所もある。

宇賀神は倉稲魂神が同音のために当てはめられ、宇賀は「ウガヤ」で、「ウガヤ」は梵語で白蛇を意味するから、稲荷神として祀られる宇賀神も蛇体とされる。

その宇賀神が弁才天と習合して宇賀弁才天を生じたことは前にも述べたが、弁才天の宝冠には宇賀神をあらわす人頭蛇身の像を安置していることは、弁才天も蛇体であることも示しているのである。

この習合は中世からであるが、弁才天が明瞭に蛇であることを表現しているのは、「天川曼荼羅図」である。

「天川曼荼羅図」は中世に一部で流布したもので、興福寺系の弁才天信仰の表現である。

長享元年（一四八七）に、興福寺松南院座絵仏師太輔法眼清賢が大乗院門跡の命によって「天川曼荼羅図」を描いた記録があり、現在では真言宗豊山派総本山長谷寺の能満院に、天文五年（一五三六）に興福寺大乗院吐田座絵仏師琳賢房有清が描いたものがある。

この図を見ると、弁才天図はきわめて異色であり、河水の近くに祠られている弁才天というより山奥の中の弁才天という感がある。

それはもっともなことで、天川弁才天は奥吉野の山奥で、弥山という山を背にした所にあるから、竹生島・厳島・金華山といったような島の感じはまったくない所であるので当然であろうが、この弁才天曼荼羅には、他に例を見ないほどあまりにも多くの宝珠と蛇が描かれている。蛇は山奥には多く棲息しており、秘境ともいうべきこの地は蛇に神秘的霊性を認めていたであろうから、蛇に縁ある弁才天に対して特に意識するところが強かったのであろう。天河弁財天社の御神体である弁才天は、普通の八臂の美女形の像で、十六童子に大黒天・毘沙門天を脇侍としたものであるが、この地は役の小角が修行して示現を得た所で修験道系の匂いが強いところから、天川弁才天を信奉する真言宗の修験系によって曼荼羅図は異色の蛇身弁才天となったものであろう。

この曼荼羅図は上方に瑞雲がたなびき、山々が連なっているのは奥吉野の山であろうし、中央の山は天河弁財天社の後に聳える弥山であろう。これらの山々の頂上に宝珠が描かれているが、これは神秘的霊性と、無限の宝庫であることを示している。この辺は本来は鉱物資源の秘められている所で水銀も採れるが、神境にも等しい地域のため昔より鉱山開発はされていないから、文字通り宝庫であり、霊性ある多くの蛇が守護している土地であるから、弁才天が祀られるのには相応しい場所といえよう。

天川曼荼羅図　中央 三蛇首が弁才天、下方 狐に乗ったのが荼吉尼天

中央に大きく華麗な天女の衣装をまとった十臂の弁才天が立ち、足は二人の天女が支え、その左右にも二人の天女が飛翔し天界を想わすが、異とするのは弁才天の御顔貌で、慈悲と智性に富んだ美女の顔ではなく三匹の蛇となっている。弁才天を蛇と同一視することはあっても、このように恐しい表現の三匹の蛇に見立てるのは、この「天川曼荼羅図」だけであろう。正面向いた蛇が一番大きく表情も一番恐し気で、耳まであるのは蛇というより龍のようである。もっとも昔の人は大蛇には耳が生えていると考えたらしく、寺島良安の『和漢三才図会』には蚺蛇(うわばみ)や白花蛇(はっかじゃ)・青蛇(あおんじやう)に耳を生やした図を描いているから、天川の土地を守護する大蛇の表現かも知れない。

つまり、弁才天は蛇であると断定した図である。三蛇とも口から気を吐くが、気が凝って雲となった上には、それぞれ三弁宝珠（宝珠が三つ重って輝きが焔の表現にされているもの）が浮上している。

十臂であるのも珍しく、二手は胸前で合掌し、その下の二手は鍵と巻物、あとの六臂は三手ずつ左右に開いて、右は上より宝珠・金の釜・宝珠、左は宝珠・俵・宝珠で武器らしきものは一切無く、鍵は宝庫の鍵、巻物は学問・叡智を示すものである。左右に飛翔する天女は、椀に飯を盛った供饌を捧げている。その上方に剣と宝珠を持った蛇神と、長杵と宝珠を持った蛇神が、口から宝珠を一線を画して吐いており、下方に宝珠を持った蛇神がいる。

また弁才天の足許には金壷と俵と巻物、五段の盤上に四個ずつの宝珠が積まれ、その下は臼と杵、口をあけた俵が描かれている。

左右から下方にかけて、囲むように十五童子が描かれているが、鼠か狐と宝珠を持つ者、本と杖の先に宝珠を載せたものを持つ者、兎を支えている者、榊と御幣を持つもの、牛に乗って左手に剣を持つ者、頭上に狐を戴き金袋と水瓶を持つ者、鹿に乗って弓と珠を持つ者、狐に乗って升を持つ者、とぐろ巻いた白蛇に乗る者、硯と筆を持って狐に乗る者、宝珠を持って鍋鶴に乗る者、宝幢幡を持って馬に騎る者、榊を持つ者、釜で炊飯する者、函を持つ者、宝珠と剣を持つ者などが描かれ、下方は巌石に波となっている。

このように狐と宝珠が多く描かれる例は他に見られず、釜・臼・杵・俵が多いのは稲荷神の影響であろう。

長谷寺は興福寺大乗院の有力な末寺ばかりでなく、修験道当山派の主要な寺院であったから、修験道の弁才天としての天川弁才天曼荼羅がこのように解釈されて構成されたものであろう。（拙著『日本の蛇—神秘と伝説』第一書房刊参照）

また、蛇形そのものを弁才天として祀ることが地方では稀にみられるのは、水辺に蛇がよく棲息し、土地の神・豊穣の神として蛇を尊崇したことにより弁才天と結び付いたものであろう。『新編相模国風土記稿』巻之七十二　村里部　鎌倉郡巻四　鶴岡八幡宮の項に、

弁天像一軀　瑪瑙石にて蛇形の像を彫たり、長一尺五寸、是も弘法作と云

とあり、明治三十年（一八九七）八月二十五日発行の『風俗画報』臨時増刊　鎌倉江の島名

所図会にも、鶴岡八幡宮の神宝として、

弁才天　壱軀　蛇形の自然石なり

と記されている。八幡宮は現在八幡神を御神体としているから、こうした仏教系のものは撤去されていずれかに収蔵されてしまっているので、この蛇形の石を見ることはできないが、蛇は弁才天もしくは弁才天の使い神と見做されていたから、石彫・木彫・自然石にかかわらず、蛇形に見えるものを弁才天として祀った所もあった。浦和（さいたま市南区）に別所沼という大きい池沼があるが、そこの中島に弁才天が祀られ、近所の農家の人達が蛇を捕まえると弁才天様と称してよくこの沼に放しに来たので、蛇の泳ぐ姿を見ることが多かった。

弁才天を蛇体と明瞭に認識せしめるのは、『太平記』巻五の時政参二籠榎島一事の条で、北条四郎時政が江の島に参籠して子孫の繁昌を祈ったときに、赤い袴に柳色の裏地の衣をつけた美人が現われ、その願いを聞き届けると答えてから、たちまち長さ二十丈（六〇メートル）ほどの大蛇に変じて海の中に消えたと記している。示現したのは弁才天であり、去るときに大蛇となったというのは、弁才天が蛇体であることを示したもので、南北朝時代にはすでに弁才天は蛇であるとの思想があったことを物語るものである。

弁才天と弁財天

弁才天は、往々にして弁財天の文字を用いることもある。弁才はインドの女神サラスヴァティーが智慧の神ヴァーチュと同一視され、言語・学問の神としての範囲まで弘まったから才能の才でよいわけであり、サラスヴァティーの河の流れの爽かさが、弁舌爽かであるのに共通するのでもともとは弁才が相応しい。

しかし、福徳・音楽の利益によって福徳利財に繋がるので、福分を強調した場合には財の字を用いて弁財天とする。ゆえに弁才天を祀る寺社によっては、福徳を強調するために意識的に弁財天と書いている寺社もある。弁財天の文字が用いられたのは室町時代頃かららしく、謡曲江の島でも、

島の雲上に天女顕はれ給ふ。是れ弁財天影向の地にて、福寿円満の霊地

としている。また七福神に加えられるときは弁財天である。

弁才天が信仰される理由

さて、何ゆえ如来や菩薩の脇侍的存在であった吉祥天や弁才天が、平安時代からにわかに

盛んな信仰の対象となったのか。

だいたい仏教において天と名の付くいわゆる天部に属する諸尊は、古代インドの神話に出てくる神々であって、仏教からみると異教の神であったが、仏教の内容が完成されていく過程において、これらの神々をも採り入れるに当って、仏教の広大さに帰依して仏法護持の護法神的存在にされていった。

いわば外様大名的立場の神々であるから、如来（仏）・菩薩・明王・天の階級的順位で一番下の級（クラス）に置かれている。

インドにアーリア人が侵入して土地を支配して以来、カーストという四つの階級に分け最下を賤民としたが、仏教はそれを否定したにもかかわらず、その平等を説く教えの中に四段階の神の存在を示したのは矛盾した話である。

吉祥天も弁才天も古代インドの神話に出てくる神であり、カーリーのような深悪神でないのに上位の級に入れられなかったのは、その夫が梵天（ブラフマー）や毘沙門天（クベーラ）という天部に含められた神であったからであろう。

こうして天部に入れられた神々は、インドにおいてはほとんど民衆と身近に接してその影響によって人々を左右し、怖れられたり願望を訴えたりしてうやまわれた神達であるから、現世利益的な神であるといってよい。

これに対して仏教の本来の姿は、人間は善行を積み修行して到達する悟りを得ることを目的としたから、むしろ現世利益を否定する立場であった。

しかし現世利益を否定してしまうと、布教上思わしくないことが多いので、仏教教団が発展していく過程において、修行と善行を積めば現世においても利益があるという因果応報的な考えが加味され、やがて信仰すれば利益があるというように変っていった。

天部の神々が注目され、それらが如来や菩薩の脇侍としてでなく主尊として祀られるようになったのは、この現世利益を民衆は欲したからである。

その中で何ゆえ吉祥天と弁才天が、にわかに日本の人々に厚い信仰をうけるようになったか。美女神で慈悲溢れる麗容であるから、親しみを感じたからであろうか。それなら三十三応身の観世音菩薩だって同様である。

しかし観世音菩薩は救済の仏神であり、人の欲望をあからさまに訴え願って福分を分けて下さる神ではない。

吉祥天は罪過を懺悔し、また五穀豊穣を願う神であり、弁才天は叡智・学問とそれによる弁舌、そして音楽、災いを排除して福を増し、そのための武力まで有する、人々にとって現実に必要な利益を与える能力のある神であるから、現実的願いの対象の神であった。

天部の仏神には梵天・帝釈天・金剛力士・四天王・十二神将・十二天・八部衆その他多くあるが、この中で女神は吉祥天・弁才天・摩利支天・伎芸天・荼吉尼天・訶梨帝母ぐらいであり、現世利益の能力が最も広大であるのは吉祥天と弁才天であり、また両者とも土地と生活に密着している。

そして日本古来の信仰も現世利益を願う神が対象であったから、仏教が入っても天部の神々が好まれていくのは当然であり、特に女神に親しみを感じるのは、俗にいう「わが日の本は天の岩戸の開けそめてより、女ならでは夜も日もあけぬ」女性尊重の観念が深く根付いていたからであった。女性が賤しまれたのは仏教の一部の者の誤まり広めたことからであり、女性蔑視は封建体制によって男性を優位に置いたからであって、日本古来の本当の姿はむしろ女性崇拝にあった。

それは、記紀にも大日霊貴(おおひるめむち)(天照大神)を最高神とし、その他地方に女性を首長とした国々や『魏志』倭人伝の卑弥呼の例があり、最近の古墳発掘例からは女性の首長だったらしいものが数多く報告されている。

これらは、女性を尊敬し神格化して仰ぐ傾向が強かったことを示しているもので、仏教が入ってからも女性神には馴染み易いものがあった。

特に奈良朝時代には女帝の即位もあり、光明皇后は観世音菩薩に見立てられるなど人々の仰ぎ拝む存在であり、王朝文化を謳歌した平安朝時代においては、貴族達は極楽浄土を現実のものと希うために寺院を荘厳し現世利益を願ったので、人に幸せを与える天部の神への関心が強まり、天部の神が主尊として祀られるようになる中で吉祥天は特に厚く信仰された。

吉祥天は『金光明最勝王経』の中の大吉祥天女品にその功徳が説かれているとおり、至福の神であるが、宮中や一部貴族に厚く信仰されたために国家的見地からの信仰として、五穀豊穣鎮護国家のために祈られ、また吉祥悔過会として盛んに信仰された。

弁才天信仰はそれに次いで盛んとなったが、吉祥天信仰を凌ぐようになったのは平安時代末期頃からである。

吉祥天が朝廷や貴族を主として国家的色彩が濃厚であったのに対し、弁才天はその功徳の範囲が広くむしろ庶民的色彩が濃厚であったから、信仰層が多くなっていったのである。

吉祥天はインド以来の神として日本の神に習合しないのに対して、弁才天は宗像三女神や、日本の穀神である宇賀御魂神や稲荷神に習合して、土地や水に縁あるものに関係する人々の信仰を捷ち取り、さらに学問・芸能の神とされているのであるから、ほとんどの人間の願い欲望を充たす神とみられていた。

吉祥天像（京都・浄瑠璃寺、東京美術『目で見る仏像』天より）

そして日本古来の民族思想の中には、龍蛇を神とし祖先とする思想が潜在するが、弁才天も龍蛇とすこぶる関係が深く、特には龍蛇そのものを弁才天とみることもあるから、仏教の女神の中で一番日本に同化し易い性質を持っていた。したがって、当時の大楽思想から発する現世利益の希いの現世極楽のイメージは、弁才天を通じて龍宮にも通じるものがあった。

宗像三女神を祀る北九州の島やその対岸、そして厳島や金華山島、そして竹生島を始め諸所の池沼の中島や水辺の風光良くして神聖の場所と見られる所は、仏教で説く天上界であり極楽浄土と見え、そうした所は弁才天の居ます場所と考えられ、弁才天は龍宮の乙姫様のイメージにも合致した。

現世利益の最高女神であったのである。

仏教で説く死後の極楽浄土でなく、生きている時点で極楽を願うことは、日本の古い伝承である龍宮の世界の具現を願うことで、それは日本古来の神と習合した弁才天に託す希望であった。

平清盛は青年時代の不遇の頃に弁才天に祈り、位人臣を極めて富裕になってから、奉賽のために厳島神社を龍宮に見紛うほど壮麗に建造した。ここを現実の極楽浄土としようとしたのである。

弁才天は、このほかに農耕の豊穣を希う宇賀御魂や稲荷神に結び付くことによって、大衆の理想郷(ユートピア)を託す神であるところから全国に広く祀られるようになり、それは仏教・神道の別なき必要な神の存在であった。

そして吉祥天に劣らぬ美貌の神として女性像としても理想的であり、日本古来の女性尊重には相応しい対象であるから、吉祥天よりも馴染み深かったし、当時の女菩薩思想に適合していた。

当時は一部の僧侶によって女性蔑視の風潮もあり、女性は不浄ゆえに成仏できぬとの思想もあった。これは釈迦が悟りを開かんとする直前まで夜叉類が恐しい姿をして威嚇したり、また妖艶な女性の姿になって誘惑したという説話から女性を敵視したのであって、そうしたことにより女性は成仏できぬとしたのである。

そのために、龍女はわざわざ男性に変性して成仏したという説話まで作られ、これらの話を受売りした僧侶によって、平安時代には女性蔑視の風があったことは確かであるが、当時の知識階級の一人者である九條兼実は『玉葉』の中で澄憲僧都の法話として、「一切の女人は三世諸仏の母であるが、一切の男子は諸仏の父ではない」という意味のことを記している。

女性礼讃とまではいかなくとも、女性尊重で理解者であることを示している。一休和尚が遊女を拝したと同じである。

また『拾遺往生伝』に、奥州のある若き女性が言い寄るすべての男性の要求を聞き届けて身体を許したので、一人の男がそれを婬乱とみて詰（なじ）ったところ、その女性が答えていうには、「妾は情けこそ菩薩の境地であると聞いて居りますので、どの男性にも情けをかけて欲望を満たしてやっているのです」という話が載っている。これにはいろいろ問題もあり、その女性の理性のほどが窺われるが、女性は男性の欲望を救済するという力の認識による自負があったからで、決して男尊女卑ばかりではなかった。

観世音菩薩や弁才天のように、男性の欲望をも救済するという女性が男性より上であるから、仏神も同様であるという考えもあったのである。『江島縁起絵巻』は室町時代に描かれたものであるが、その縁起の内容については、平安時代中期頃の永承二年（一〇四七）に延暦寺の僧皇慶の撰述の話に拠ったもので、それには江の島の弁才天が対岸津村の湖水に棲む五頭龍を身をもって教化した話となっている。

五頭龍は津村の湊に出ては土地の子供を食い里人を悩ましていたが、ある時江の島の弁才天の麗容を見て恋慕の情を生じ、その望みの叶えられんことを願った。弁才天は、五頭龍が以後悪業を一切止めて仏法に帰依するなら許すと誓わせて身を許したという伝承であるが、弁才天も女菩薩と同じ抱擁力を持っていたのである。これは仏教説話がよく用いる術（て）で、聖天（ヴィナーヤカ）の悪逆を改心させるために十一面観世音菩薩が約束の上身を許したというのと同じである。こうした類話から、江戸時代末期の『想山著聞集』に記される、元田沼家を浪人した者が江の島の裸弁才天に恋慕したらその要求を聞き届けてくれたとか、弁才天に接吻（くちづけ）したら死ぬまで芳香が漂っていたという話が出るのである。

とにかく弁才天は上位の如来や菩薩・明王よりも、また他の天部の諸尊よりも一番人間に親近感があり、その上美貌であるというところが大衆に好まれたのである。

江の島の裸形弁才天は初めから裸形として祀り、男性の情欲をそそるために作ったのではなく、たまたま写実的彫像が一部で流行した時代の作であるから、弁才天に相応しい衣装で荘厳されたものであったが、作者の意図の中のイメージには生身の弁才天を表現したい夢があったために、女性の肉体を余すところなく備えさせたのであって、それだけに拝する立場からみればより身近な有難い御姿であったのである。それを意識してか、寺側としても散佚した衣装を新たに作ることをせず、裸形のままで拝ましたので俗人にはいよいよ受けたのである。

つまり弁才天は理想の女神であり、現世利益をお願いし易い親近感があったのである。その功徳は弁才天の持つ如意宝珠から出るパワーであるが、それよりも強大なスピリチュアル・パワーは弁才天自らが有していたとみてよい。ゆえに弁才天の持つスピリチュアル・パワーを身につけようとしたものは、古来多く認めることができる。

役の行者はそれを体得するために、人の未だ踏込んだことのない神秘の山々に登ってはその霊気を吸収して、いろいろの神の示現を受けてそのパワーを体得した。大和国吉野郡金峯山に籠っては蔵王権現の示現を受け、信濃国飯綱山では愛染大明王の示現を見るなどいろいろの神の生身を拝しているが、一番多くの示現を受けているのは弁才天である。

つまり役の行者は、スピリチュアル・パワーの弱い神であると拒否している。金峯山に籠ったときに、金剛蔵王が柔和な地蔵菩薩の姿で湧出したときはこれを拒否したので消え去り、忿怒の魔障降伏の相をもって現われた神に対しては、感喜して蔵王権現として拝しここに祀った。

しかるに江の島を初めとして諸々の島に参籠したときには、優美艶麗な弁才天が湧出しても一つも拒否するどころか、感激してこれを拝している。これは弁才天のスピリチュアル・パワーが偉大だからで、それだからこそ役の行者はそのパワーを受けて、神変不思議の神通力が増大していったのである。

つまり、ヒンドゥー教などに見られる男女合体によって梵我一致の境地を悟り、そして女性から男性がシャクテイ（性力・活動源のエネルギー・霊力）を得るように、役の行者は弁才天からたびたびスピリチュアル・パワーを受けていたとみていい。

されば、日本密教の大先覚者の弘法大師・伝教大師・慈覚大師を初めとする多くの高僧が、役の行者の跡をたどって参籠するたびに生身の弁才天を拝すようになったのも、同じくスピリチュアル・パワーを体に移譲してもらうためであり、生身を拝してその御姿を彫像にとどめた（事実かどうかは疑わしいが）ということは、ここに弁才天に常に鎮座してもらうための意図からであるが、弁才天の祀られる有名な寺社はほとんど共通の伝承を持っている。

そして優美な御容貌に似合わず激しいスピリチュアル・パワーを持っているがゆえに、ときには呪詛の祈願までかけられるのは、荼吉尼天との複合からの結果であろう。その例は寿永元年（一一八二）源頼朝の命で、文覚上人が奥州藤原氏滅亡調伏のために祈禱し、二十一日間の断食修法をしたことによっても窺われる。その効果あってか、義経をかばった藤原氏は次々と死亡しついに滅んだ。恐ろしい霊力を持っのである。

このパワーは如意宝珠から発するところであろうが、弁才天自体の持つパワーであり、呪咀という恐ろしい願いに利用されたときにも絶大の威力を示すこともある。

第二章　日本三弁天・五弁天・六弁天

日本で弁才天が祀られたといわれる著名な所を三か所挙げると、厳島・江の島・竹生島であり、五弁天の場合にはこれに金華山と富士山、六弁天というときには天川が加わる。

このうち本当に弁才天として現在まで厚い信仰を受けているのは、神社である天河大弁財天社で、あとは日本古来の神を祀る神社であって、神仏混淆習合の時代に日本の神が弁才天として信じられていたに過ぎない。しかし、神仏混淆の時代には寺院が神社を管理していたために、習合の証として弁才天像が祀られていることも確かである。

厳島神社と弁才天

厳島神社は、九州の宗像三女神がここに勧請されて祀られた神社であることは現在周知のことであるが、島の景観が日本三景の一つに数えられ、古来多くの歴史上の人物が参詣したり、さまざまな歴史を有しているので神社自体が有名であったが、いつしか弁才天を祀る神

厳島神社

社であるとの認識が拡まり、弁才天が厳島を代表するように思われてきた。

しかし、主祭神は厳とした宗像三女神であることは、江戸時代においても明瞭であって、寺島良安の『和漢三才図会』（正徳三年刊）にも、

厳島大明神　在佐伯郡宮島社領千石　祭神三座　市杵島姫神　田心姫神 湍津姫神

松尾社及宗像社与此同躰也

或書云　推古天皇朝播磨国住人、内舎人佐伯鞍職（クラモト）左遷、于当国在恩賀島時紅帆船来船中有瓶、瓶中立鉾、着赤幣内有三女容粧端正　告日我為皇祚守護来現焉。宣造宝殿於恩賀島云云　于時推古天皇二十二年十二月、達叡聞営社　号厳島大明神

初名恩賀島、後用市杵島神号呼之　或以地景之美称之

神階　貞観九年十月十三日従四位上

弁才天　江州竹生島　相州榎島　奥州金華山　和州天川　芸州宮島　謂之五弁天

当社後深山前蒼海　左原野右松原　其野中有清水名御洗井　蓋社有山上廻廊有平池海潮満則水浸廻廊乾則干潟五十町許　無双絶景　今通称宮島　山中鹿多

平相国清盛得霊験建立之後弘治二年陶晴賢滅亡時係兵火回禄於是毛利大膳大夫元就再興　亦厳重有廻廊周百八十間

と記してあり、弁才天を祀ったとは書いていない。また天保八年（一八三七）に刊行された『芸州厳島図会』にも、

本社　安芸国第一の宮　厳島大明神
正殿三座　市杵島姫命　田心（たごり）姫命　湍津（たきつ）姫命
合殿三座　国常立尊　天照皇太神　素盞鳴尊
客神社五座　正哉吾勝々速日天忍穂耳命　天穂命　天津彦根命　活津彦根命　熊野櫲樟（くす）日命

とあり、純然たる神道系の日本の神々で、江戸時代の神仏習合の頃であっても弁才天の神社とはしていない。まして現在ではなおさらで、吉川弘文館の『国史大辞典』によると、

広島県佐伯郡宮島町に鎮座　旧官幣中社　市杵島姫（いちきしまひめ）命・田心姫（たごりひめ）命・湍津姫（たきつひめ）命を祭神とする。市杵島姫命以下三神は九州の宗像（むなかた）神社に祭る三女神であり、古代のある時期に、この瀬戸内海の神聖な島に宗像神を迎えて祭り始めたことが推定される。いつく島とは神霊の斎（いつ）き祭られる島のことで、その点では当社も宗像も同じであり、市杵島姫とはそれを擬人視した神号であり、当社も『延喜式』には「伊都伎（いつき）島神社」と記す。弘仁二年（八一一）名神に列し四時幣に預かり、延喜の制に名神大社に列なり、寛仁元年（一〇一七）一代一度の幣帛神宝を奉られ、そのころから安芸国一宮とされた。平清盛は父忠盛以来瀬戸

内海の舟運の発展を策しており、安芸守に任ぜられるや当社を海上守護神として尊信し大いにその建造荘厳に尽くした。清盛の全盛期たる承安四年（一一七四）後白河法皇は清盛ら平氏一門とともに当社に参詣し、高倉上皇は治承四年（一一八〇）二度参詣した。貞応年間（一二二二－一二四）火災にあったが仁治二年（一二四一）再建された。室町時代には足利義満の参詣があり、大内義隆も修造を施したが、元亀二年（一五七一）毛利元就による大規模な造営があり、末社に至るまで古式のままに造られた。以後毛利氏・広島藩主浅野氏の絶大な崇敬庇護のもとに、瀬戸内海の大社として栄えた。天正十九年（一五九一）の記録によると祭田燈明料高辻七百十八石余とある。同十四年には豊臣秀吉が参詣し、慶長五年（一六〇〇）には毛利輝元らが四座舞楽を当社に寄進した。神職組織は中世末には社家方・供僧方・内侍方より成り、これを社家三方と総称し、棚守・座主・御子内侍がそれぞれを代表していた。中世末には、門前町の発展とともに、町人の成長が見られ、かれらも自治的な「惣中」の結合をなした。近世には春・夏・秋の三季の市が開催され、寛永九年（一六三二）の浅野家の記録によると、黒羅紗・紺羅紗・緋羅紗・虎皮・繻珍・白紗綾などの買物が宮島市でなされたとある。明治維新とともに別当大聖院・本願大願寺を分離し、明治四年（一八七一）国幣中社に、同四十四年官幣中社に列せられた。当社においては、管絃祭（旧暦六月十七日）・玉取延年祭（旧暦七月十八日、有名な裸祭）をはじめ年中祭祀が荘重に執行されている云云とあり、明治の神仏分離令以後であるからもちろん仏教色は無いが、弁才天についてはまったく記述が無い。

にもかかわらず、厳島弁才天として聞こえていたのはなぜであろうか。

それは中世以降神社に寺僧が介在し、供僧として勤めるために寺院が立ち、それが仏教の仏神を神社の神に習合させることにより、仏神が垂迹したごとくに作ったからである。

厳島神社の場合、主神たる宗像三女神のうちの市杵島姫命を弁才天とみたことにより、それが俗信として拡まったものであろう。

江戸時代までの厳島には、浄土宗京都智恩院の末寺として華降山以八寺光明院があり、この開山以八和尚の母が、子無きときに弁才天に祈請して以八和尚を生んだが、以八は僧籍に入ってこの宮島に住した。そしてここで、蛇形の弁才天と十五童子の示現を受けたと伝えられる。

このほか薬師堂は数か所あった。

また社僧寺として仁和寺末派の宝光院、同龍上山西方寺宝寿院、福寿院、新日山頂峯寺愛染院、神力寺、大御堂、龍翔寺、禅宗佐伯郡廿日市洞雲寺派の存光寺、南照山松寿寺宝泉院、亀居山大願寺、大蔵坊、泉光院、仙蔵坊、十王堂、真珠院、華蔵院、地蔵院、連乗坊、多宝院、菩提院、増福坊、龍燈院、瀧本坊、瑞光寺、瀧山水精寺大聖院（座主）、西方院、修善院、執行坊、東泉坊、多聞坊、松の坊、長楽寺、荒神堂、中江薬師、永元寺、石地蔵堂、経塔、

厳島実地真景之図

大師堂、火消不動堂、祈不動堂、愛染堂、求聞持堂、岩屋薬師、大日堂、三鬼堂、覚鑁(かくはん)堂、目洗薬師、六地蔵、十一面観音、聖天堂、岩屋不動、毘沙門堂、鐘撞堂、文珠堂、大威徳明王堂、虚空蔵堂、行者薬師堂、奥院大師堂、弥勒堂、日輪観音堂、水手向地蔵、十王堂、飛不動堂、朝日観音堂、夕日観音堂など仏神を祀る堂と寺院はおびただしい数に上り、このほか日本古来の神を祀った社を入れると、あたかも日本中の寺社の代表が集ったごとく雑居していたが、これらの寺院の中で弁才天に関係あるのは、華降山以八光明院と亀居山大願寺の什宝である弁才天と十六神像のみである。

大願寺の弁才天像は、伝えによると弘法大師が相模国江の島で一万座の護摩修法を修した折の灰をもって弁才天像を造り、それが伝わってこの寺に祀られたものといわれていた。

大願寺は厳島神社修理を管掌した大きい寺であったから、市杵島姫命は弁才天の垂迹である、ぐらい説いたであろうことは想像される。

こうしたことによって、厳島弁才天は著名になって俗信されていたのであろう。

現在では、真言宗御室派の大本山であったところの大聖院が、宮島随一の名刹として現存している。

竹生島神社と弁才天

竹生島神社も弁才天が祀られていると俗信され、古来有名である。

『和漢三才図会』に、

竹生島　在二浅井郡湖中島一社領三百石　祭神　稲倉魂命（素盞鳴尊御子）　社僧天台本業寺　鎮座
弁才天女　一名妙音天女　祭六月十五日
千手観音　行基ノ作　西国順礼第三十番　聖武天皇天平三年竹生島ノ神現二大内一詔二于行基一同行二幸竹生島一造二天女ノ宝殿幷忍穂耳尊　大己貴尊三社一祭レ之云云　又作一阿弥陀観世音ノ金像一以為二本地一　其後（仁明天皇承和元年）慈覚大師（四十一歳）眼病久不レ愈時化レ人現二于枕頭一

與二霊薬一曰　我是竹生島ノ弁才天也　當レ服二用之一且為二修法護神一因遺(ノコスベシ)二我本形一而覚(サメテ)見レ傍有二弁天小像一乃大師感歎シ服二彼薬一則眼立愈　後日奉レ送二之竹生島一今所レ安像是也

相州榎島　芸州厳島　奥州金花山　和州天川　江州竹生島　共是弁天之霊仏也

相伝曰　但馬守経正弾二琵琶於竹生島一時白狐出二現シテ社壇上一而走去 稲倉魂神似二専女(トウメ)一為二官者一故為二瑞応一

或曰　白蛇出現スト焉　其時ノ琵琶名二玄上一其撥為二什物一存二于今一

とある。

平経正、竹生島に参籠して弁才天の化現に会う
（小堀鞆音筆）

竹生島明神については、『和漢三才図会』では稲倉魂命が祭神であったとしている。稲倉魂命は仏説の宇賀神に当り、宇賀弁才天として習合しやすいから、弁才天信仰が発生しやすい素地を持っている。ただし、宇賀弁才天は『弁天五部経』や

『金光明最勝王経』などから推すと八臂であるが、妙音弁才天であると琵琶を弾じるポーズであるから二臂である。

湖の名が琵琶湖であり、平経正が出陣にあたって琵琶の弾奏を奉納した言い伝えからも、二臂の妙音弁才天の方が相応しい。

竹生島神は、天女の姿で聖武天皇の天平三年（七三一）に大内裏に示現したので、天皇の命によって行基菩薩が天忍穂耳尊と大己貴尊とともに祀ったのが始まりとしているが、この時点では単に天女としてあって弁才天であるかどうか明瞭でない。

弁才天として祀るようになったのは、仁明天皇の承和元年（八三四）に、慈覚大師が久しく眼病を患って悩んでいたときに天女が枕頭に立って、「我こそ竹生島の弁才天であるが、この薬を用いよ。そして我が姿をここに残して置くからこれを竹生島に祀れよ」と告げられた。目がさめて見ると、傍に弁才天の小像があり、与えられた薬を服用すると眼病は立所に平癒した。そこで慈覚大師は感激してその弁才天の小像を竹生島に祀ったが、これが竹生島弁才天の御本尊であるというのである。

この竹生島という名については、『竹生島縁起』や『智福寺縁起』に次のように見える。

孝霊天皇の御代（人皇七代、紀元前二九〇年から前二一五年代に当る）に、霜速彦命の三子の気吹雄命・坂田姫命・浅井姫命が天から降り、気吹雄命と坂田姫命は近江国（滋賀県）坂田郡の東方に住し、浅井姫命は琵琶湖中の北方に島を作り、そこにいろいろの植物の種を播いたところ、一番初めに竹篠が生えたので竹生島と名付けられたといわれる。

また別の説では、行基菩薩がこの島に来たときに用いていた竹杖を地に突刺したところ、その竹杖から根を生じ繁茂したので竹生島と呼ばれるようになったともいわれている。

また『帝王編年記』には、養老七年（七二三）の条に、夷服岳と浅井岳が高さを競い夷服岳が負けたので夷服岳の神が怒り、浅井岳の浅井比売の首を斬ったところ、首は琵琶湖に落ちて竹生島となったとしている。

竹生島神社の弁才天堂

とすると浅井姫命が産土の神であったが、これがまず弁才天と習合したことになる。
しかし、現在の祭神は市杵島姫命・宇賀魂命・浅井姫命とされているのは、市杵島姫命は水の神であるから琵琶湖の中の島に祀られるのは当然で、これは北九州の宗像三女神信仰が瀬戸内海を東の方に拡がってきて、海にも紛う琵琶湖の孤島にまで及んだことを示すものである。宇賀魂神は稲倉魂神で産土の豊穣の神であるから、稲荷神として土地に結び付く。そして市杵島姫命も宇賀神もともに弁才天に習合しているから、この島の祭神が早くから弁才天と思われ、弁才天信仰のメッカと思われるのは当然である。

現在、竹生島は滋賀県長浜市早崎町に所属し、神社は都久夫須麻神社と、竹生島観音と俗称される宝厳寺があり、宝厳寺の弁天堂に弁才天は祀られている。ゆえに厳島神社と異なって竹生島には弁才天が祀られているのであるから、竹生島弁才天と称するのは正しいが、宝厳寺の本尊は観世音菩薩であるから、浅井姫命も観世音菩薩に習合した痕跡が竹生島の縁起の中に窺われる。

宝厳寺が都久夫須麻神社の神宮寺として島を管掌していた頃には、月定院・一乗院・花王院・妙覚院・常行院・実相院・金竹坊・梅本坊などの支院僧坊があったが、明治の神仏分離令によって、都久夫須麻神社と宝厳寺とに岐れ、宝厳寺の弁才天堂を神社の本殿とした。竹生島の神が弁才天と思われるのは、こうしたことにもよる。

江島神社と弁才天

寺社の縁起は、古来より神韻渺渺として霊験功徳の広大なさまを誇張創作して不可思議の縁起を綴るものが多いが、今ここに『江島縁起絵巻』から江の島の成り立ちと弁才天の関係についてを抜粋してみよう。

この絵巻に述べられる縁起そのものは、永承二年（一〇四七）延暦寺皇慶の撰述になる縁起絵巻が作られていたようであるが、現存の岩本家蔵のものは室町時代後期の作といわれる。しかし、詞書の内容は右の撰述を基にしているのであろうとされているから、江の島縁起の伝承は平安時代中期頃にはすでに聞こえていたものであろう。第一巻は天地のはじまりから説明され、やがて津村の近くに悪龍が棲み付いて人々を苦しめる話となる。

欽明天皇の貴楽元年（この時代、未だ年号は無い）壬申（五五二年に当る）四月十二日戌の刻（午後八時頃）から廿三日の辰の刻（午前八時頃）にかけて、津村の湊の沖が暗雲たれこめて、海底より砂や岩を吹き上げやがて一つの島となった。これが江の島であるが、ここに天女が降臨してきた。この天女こそ無熱地龍王第三の娘、閻羅大王の姉婆蘇大天の妹で弁才天女である。津村の湖水に棲む悪龍が、弁才天女の美貌に恋慕して情を通じようと願ったところ、龍が悪業を止めれば許すといわれ、それより悪業を止めて龍口山という山になった。この島は「弁才天方便のちからをもちて」化作したところの島であるから、江嶋明神というのであるとしている。

またそれより後、役の行者が文武天皇の三年（六九九）に伊豆の大島に配流されたが、四月頃行者が北方を見ると紫雲たなびく島があるので来て見ると金窟があるので、そこに参籠し不動明王咒を念ずること七日、忽然と八臂の弁才天が顕現したので、敬礼稽首して一尺八寸の利剣を金窟二重の内院に奉納した。

浄足姫天皇（元正天皇）の養老七年（七二三）春三月、泰澄大師が江の島に留まってさまざまに祈っていたが、秋九月十五日の夜半に窟中より綵雲上って光り輝き、弁才天女が顕現したので感喜してこれを拝した。

勝宝感神皇亀五年（七二八　聖武天皇の御代）より天平六年（七三四）に至るまで、相模国餘綾（ゆるぎ）郡の人道智法師が法華経を読誦したときには、弁才天が毎日聴聞した上に飯を供してくれたという。

嵯峨天皇の弘仁五年（八一四）春二月、弘法大師が来たってこの金窟に参籠すると、また弁才天が示現したので、弘法大師は合掌恭敬し、弁才天の形像を作り、五鈷金剛杵・仏舎利・宝珠を供えた。

文徳天皇の仁寿三年（八五三）春二月、慈覚大師が東海方面を巡礼し津村の湊に着いたところ、海上の島に五色の雲の漂ようのを見て舟を頼んで上陸し、三七・二十一日の祈願をして弁才天の顕現を望むと、天女忽然と雲上に現われたので感喜し、国家安護のために五寸の弁才天像を作り、六寸の五鈷金剛杵に三寸の利剣を収め、弁才天の心中咒を書いて窟中に安置した。慈覚大師は、それより以前にも宇賀弁才天を感得している。

陽成天皇の元慶五年（八八一）春二月、安然和尚は慈覚大師の旧蹟を尋ね、弁才天の生身の御姿を拝したいために江の島に至り修行しているうちに、秋七月十五日の寅の刻（夜中の午前三時頃）弁才天が示現した。

裸形弁才天（江島神社）
（25 頁の図も参照）

江島神社弁才天奉安殿

八臂の弁才天（江島神社）

土御門天皇の建仁二年（一二〇二）、慈悲上人良真が七月十五日金窟に参籠すると、紫雲たなびき薫香漂よって光明赫奕（かくえき）として童子を従がえた弁才天女が現われた。

このように、名僧多く参籠祈願するごとに弁才天は霊験をもって答えるので、江の島弁才天の信仰はますます盛んとなり、建永元年（一二〇六）丙寅七月上旬遷宮して荘厳至妙の社殿に鎮座したというのが、『江の島縁起絵巻』の大要である。

これによると、倉稲魂神（うがのみたまのかみ）や宗像三女神についてはいっさい触れていない。

欽明天皇の御代に、津村の湊の南の海上が鳴動雲霧渦巻いて忽然と江の島が誕生し、そこに弁才天女が降臨したことになっている。

そして、その弁才天がやがて宇賀弁才天に変ってくるのであるから、日本の倉稲魂神が仏説の宇賀神と習合し、さらに弁才天と複合した中世において作られたもので、皇慶の撰述になる縁起にこれが繋ぎ合わされて、三巻に及ぶ縁起絵巻となったものであろうが、少なくとも室町時代後期頃までは仏家の説が認識を拡め、産土神である倉稲魂神や海上神である宗像三女神は、祀られていたとしても影の薄い存在であったのであろう。

しかし、江戸時代に入るとこれらの神々の存在が強く打ち出され、弁才天は宇賀龍神であるとの妥協的見解になり、宇賀弁才天としてクローズ・アップされてくる。しかし、古い弁才天の姿は二臂で琵琶を弾じる音楽の神でもあるから、妙音弁才天としても認識されていた。

『和漢三才図会』には、

江ノ島社
祭神　倉稲魂神　素盞鳴尊女
素盞鳴尊娶ニ大山祇之女大市姫一生ニ大牟神ト倉稲魂神一
△按　弁才天ハ者即チ仏教ノ所謂宇賀神主也　本朝宇賀龍神ト名義相似而抜苦(ハック)與楽之功亦不レ異　於レ是役小角越大徳弘法慈覚之輩幸ニ附会シ遂ニ以ニ弁才天一称レ之　且模ニ其像一安ニ宮殿一　故本神名識ル者希矣

とし、仏家がさまざまな伝承を作り弁才天に付会し、弁才天像を作って安置したりしたので、江島神社の本来の神が日本古来の神であることや、神名すら知っている者は稀であると述べている。ということは、江戸時代の江の島は弁才天が祀られていると思い込まれていたのであった。

その俗信を現代においても信じている者が多く、未だに江の島弁才天の用語が用られている。これは、江戸時代までは江島神社は金亀山与願寺という別当寺が支配していたからで、もちろんその時代は弁才天像が本尊とされ、信仰の対象はもっぱらこれに向けられていた。

『新編相模国風土記稿』巻百六　村里部鎌倉郡巻之三十八の江の島の項に、

弁天社　金亀山（僧大休遊江島詩に策杖徐行踏巨鼇の句あり　又堯慧が手向の歌に亀の上なる桜山とあり）　与願寺と号し、日本三弁天の一なり。梅花無尽蔵にもしか載たり。本宮・上ノ宮・下ノ宮の三祠あり。岩本院・上ノ坊・下ノ坊の三別当是を分司す。抑弁才天垂迹の年代其説区々たり。江島譜に開化帝の六年四月

　としし日卒河宮御宇六年四月涌二出狐島於海上一当此時天女忽降其島十二神将擁二護天女一遠近村里遥捧此奇瑞由　此海辺漁父始信於鄙心田間農夫長起誠於野情　江島縁起には欽明帝の十三年四月の事となす日く此島の上に天女降臨し給へり是弁才天女の応作無熱地龍王第三の娘閻羅大王の姉婆蘇大天の妹なり。是を江島明神とす。上の宮宝永七年の鐘銘に欽明天皇壬辰夏弁才天女応現霊址と見ゆ　其実は今詳にし難し。島中に勧請ありしは全く寿永元年なり本宮の条に詳載す

　旧くは江島明神と称せり

とあり、本宮は、

　島口より十四町許あり。金窟・龍穴・蓬莱洞など称して天女初て垂跡の神窟なり。因て本宮とす

と記され、海縁りの洞窟が本宮で、天女（弁才天）が垂跡した所とされる。なぜ島の頂上に降臨しないで、波浪激しい岩窟の中に垂迹したか。岩窟は、現在でも神秘性をたたえる幽玄の世界に続くような奥深い所であるから、参籠には良い雰囲気である。したがって精心凝らして祈念したときに、弁才天の御姿の幻影を見ることができるし、『江島縁起』に記されるように、ここに参籠したものはしばしば弁才天の示現にあっている。こうした点から、島ができたときに天女が降ったのは、この岩窟であるとされたのであろう。

　島上の南頂より奇巌峻路を宛転して下れは大洋の水際に到る。夫より岩窟に循ひ石骨を踏て行くこと数十歩にして窟口に至る（神社考）に循歩海岸以下南行数十歩有レ窟　窟は南に面す岩壁岸峙せる数十丈仏源が詩に洞口千尋石壁聳龍門三級浪花高の句あり　海水窟中に激入して凡六七歩の際池をなせり（神社考）日窟前海水激入其形如池湛而漣漪

とある。岩窟際まで海水が押し寄せていたので、

岩壁に傍ひ斜身にして入る

状態であったが、大正時代には桟道が設けられた。ところが大正十二年（一九二三）の関東大地震の折に、このあたり一帯は一メートル以上も隆起したので、現在は岩礁伝いに海波を受けることなく岩窟に達することができる。『新編相模国風土記稿』鎌倉郷によれば、

入四五歩にして壇あり方九尺許欄干を設く神祠を安ず。神体は弘法の作像なり。此他神明春日八幡等同作の木像を合祀す。例歳四月上の巳の日より十月上の亥日迄神宮を山上の旅所に遷座せり。是を二度の祭祀と称し、参詣の緇素群をなせり。窟の口高七間濶三間許窟中暗昧にして土人松炬を秉て嚮導す。巌壁に倶利迦羅龍を彫る。橋を超えて行こと数歩にして窟両岐に分る。金剛界の穴、胎蔵界の穴と名づく。両部大日弘法作を安ず。安然記には両界曼荼羅等を安ずと見ゆ。側の岩壁より清泉流れ落つ。是を弘法の加持水と唱ふ。蛇形池、日蓮趺座石、空海臥石、護摩の爐など云るあり。又石観音石獅子を置く。此餘石像許多あり。入に随て窟中漸狭く、路窮る処は尤狭窄にして入べからず。岩を穿ち壇を造り、小祠を置き燈火を掲ぐ。盖窟爰に窮るにあらず、石を畳て限をなすのみ。石間より窺へば暗昧にして其浅深測りがたし。毎歳八月海波窟中に打入て汚穢を洗ふ。故に窟中清浄なりと云ふ。一説に此龍穴は昔黄金を鑿ちし蹟なりとも云へり。文武帝の四年四月役の小角窟中に入て天女を拝し利剣を納む。養老七年九月泰澄窟中より天女の化現

するを拝す。神亀天平の間は道智来たりて誦経し、天女の化現に逢ふ。弘仁五年二月空海参籠し神像を造りて社壇に安置し、其下に宝珠を埋む。故に空海を本宮の中興と称す。仁寿三年三月慈覚天女の生身を拝し、神像を自刻し五鈷金剛杵を造り、中に宝剣を籠て窟中に納む。元慶五年二月より慈覚の旧縦を尋ねて安然参籠する年あり。寿永元年四月頼朝の本願として文覚此に弁才天を勧請し、五日供養を行ふ。文覚此日より参籠する二十一日飲食を断て懇祈をこらせり。茲年北條四郎時政祈願の事ありて窟中に籠り一顆の玉を感得す。承元二年の夏久旱により鶴岡の供僧等に禱祈のことを命ず。よりてここに集会して雨を祈る。感応空しからず、雨忽降れり。元仁元年六月陰陽道大監物信賢奉はり、又祈雨の祈を行ふ。嘉禎元年十二月将軍頼経不例により霊所七瀬の祭を行しとき当所は備中大夫重氏勤む。仁治二年六月鶴岡八幡宮の別当定親又雨を祈る。文明十八年十月僧万里金胎の両洞に入乾満の二珠及び、白蛇を見し事あり。天文十八年北條左京大夫氏康参詣の時当窟の神宮を再興す。同廿年五月玉縄城主北條左衛門大夫綱成殺生禁断等の掟を出す。弘治二年八月当宮募縁の事足利左馬頭義氏が領地は、寄進の多少を論ぜず其意に任せ勧進すべき由北條氏より下知を伝ふ。修理落成して正遷宮の時、北條陸奥守氏照奉りて太刀馬等を奉納あり。慶長五年六月東照宮窟中に入らせられ神像を拝し給ふ。元和元年の冬林道春爰に遊記を作る。宝永三年十月社領十五石の御朱印を賜へり。別当は岩本院司とせり（各条項の註記は省略）

とあり、弁才天を祀る岩窟の本宮の歴史的経過を述べているが、どうも弁才天を勧請したのは、寿永元年（一一八二）に頼朝の命で、文覚が奥州の藤原秀衡調伏のために二十一日間断食の上祈禱したときからのようである。これは『吾妻鏡』にも、

四月五日　武衛令出腰越江島給是高雄文覚上人為祈　武衛御願奉勧請大弁財天於此島、始行供養法之間故以令監臨給密議　此事為調伏鎮守府将軍藤原秀衡也云云　廿六日、文覚上人依請参営中自去五日参籠江島、歴三七ケ日昨日退出其間断食而懇祈砕肝膽由申之

とあるから、弁才天像をこのときに安置したか祠を安置したかであって、縁起でいう弘法大師や慈覚大師が弁才天を感得して像を作ったというのはあくまでも伝説である。

そして、ここの御社または御神体が島の上の上宮に祀られるようになったのも、室町時代末期で小田原北條氏によってである。

そして上宮・下宮・岩本院が建てられ、岩本院は本宮（岩窟）を預かり、上ノ坊は上宮を司り、下ノ坊は下宮を司ることとなり、社殿・寺院が整備されていった。

上宮は幣殿・拝殿があり、慈覚大師作と伝える丈二尺五寸の弁才天像と蛇形の石像を安置し、護摩堂・鐘楼に楼門を構えた堂々たるもので、境内には地蔵堂、役行者堂、神明宮、荒神社、稲荷社、疱瘡神社の末社と弁才天を祀る奉安殿があった。御本尊は裸形弁才天と八臂の弁才天である。

下宮は幣殿・拝殿を設け、弘法大師作と称する丈二尺五寸の八臂の弁才天を本尊とし、良

真作といわれる長二尺の蛇形の像を祀った。縁起では、建永元年（一二〇六）に良真が将軍実朝に願って社壇を作ったとしている。

このほかに、北条時政の念持仏としての立身弁才天像と、伝教大師作長五寸の三面大黒を祀ったとしている。金亀山と書した額を掲げた随身門、仁王門、石の鳥居を建て、境内には薬師堂、閻魔堂、神明宮、山王社、天王社、三神合社、十八末社、疱瘡神社、八大龍王社、荒神社、住吉社、稲荷社などがあった。

岩本院は本宮（岩窟）を預かり、江島寺ともいい、京都新義真言宗仁和寺末で、古くは中ノ坊または岩本坊といったが、肉食妻帯が許されている特殊の存在であった。

このように、江の島は金亀山与願寺の弁才天社を主として、上ノ坊の上宮・下ノ坊の下宮・岩本院の本宮と多くの末社によって信仰の対象となっていたが、ほとんど弁才天信仰で成立っていたとみてよく、神道の神は信仰の拡まる過程において加えられていった感がある。

したがって、江の島弁才天は神仏習合によって神道系の神が弁才天に置き換えられたというのではなく、初めから修験道系の仏教や、真言・天台系の僧侶によって弁才天信仰が生じたのであるから、縁起や伝承記録の内容は別として、純然たる弁才天信仰の島であったといえる。

貞享甲子（一六八四）に、徳川光圀の命によって鎌倉地方の地理歴史を調べて編纂された『新編鎌倉志』も、文政十二年（一八二九）に武蔵国八王子住人植田孟縉が著した『鎌倉攬勝考』にも、江の島には弘法大師・慈覚大師・慈悲上人などの作の弁才天像が祀られていて、それらが本尊のごとく記されている。

このように一貫して弁才天の島であったのが、明治初年の神仏分離令によって神社が主体となり、寺院は解体され、神社の祭神は日本古来の神に置き換えられてしまった。明治三十年（一八九七）五月に霜鳥晴の発行した『鎌倉江の島手引草』によると、

> 下ノ宮　辺津宮と称す。建永元年慈悲上人の開基にして源実朝の建立に係る。祭神多岐津姫命は弘法大師の作（中略）上ノ宮に至る中津宮と称す。仁寿三年慈覚大師創造する所市杵嶋姫命慈覚の作也

とし、弁才天という名はいつしか多岐津姫命と市杵島姫命に変り、つまり宗像三女神になってしまっている。同年八月二十五日発行の『風俗画報』臨時増刊の「鎌倉江の島名所図会」の記述では、

> 島上江島神社あり、多記理毘穀命（たぎりひこのみこと）・市杵島比売命（いちきしまひめのみこと）・田寸津比穀命（たきつひこのみこと）を祀る。国幣中社にして、今分て三社とす。日く辺津神社、日く中津神社、日く奥津神社是なり。境内千八百一歩あり。東海道名所図会に、江島大艸紙を引て云。夫当社の神体は大己貴命（おおなむちのみこと）と久延彦命（くえひこのみこと）と仰事ありて、天照大神を尊み、其和魂（にぎたま）を祀て富主媛命（ふぬしひめのみこと）と号（なづ）け給ふ。此神天降り給ひて弁才天女といふ事、江島の神秘とす。之を神系図或は和漢三才図会に、相州江島の神は素盞鳴尊の御女（むすめ）倉稲魂神と書す。是れ謬（あやまり）なりと。旧伝此の如し。今神奈川県

庁の調査に従ふ。由緒詳ならず

と記している。また翌明治三十一年八月二日発行の『風俗画報』臨時増刊の「江島鵠沼逗子金沢名所図会」には、前記とほぼ同じの内容であるが、

是れ神仏混淆時代の説なり。其他大縁起に載る所の説の如き、荒唐信ずるに足らず。

抑神霊の垂迹　其年代一定せず。江島譜には開化天皇の六年四月とし、江島縁起には欽明天皇の十三年四月の事とす。其の実は詳にする能はず。之を島中に鎮祀したるは寿永元年なり。東鑑は江島明神とせり

とあって、江の島弁才天が勧請されたのは、文覚が三七・二十一日の祈願参籠のときからが穏当の説のようであるが、ではそれまでに日本古来の神である産土の神や、神道系の神が祀られていなかったのかというと、それには確たる記録や証拠は無いが、津村の湊や腰越・湘南の海岸に多くの漁民が住んでいたであろうから、海上の神や、土地神である神道系の神々の小さい祠ぐらいはすでにあったものと推定しても不自然ではない。

そうした神祠は弁才天信仰が主体を占めても無視することはできず、本宮・上ノ宮・下ノ宮が作られても、弁才天に習合しつつ祀られていたものであろう。

そして三つの宮（本宮は洞窟であるが）が、ひそかに宗像三神（海の神）に擬せられていたかららこそ三つの宮の必要性があったのであろう。

神仏分離して寺の規範を脱すると神社としての体裁になったが、お岩屋と称する岩窟は天

多紀理毘売命を祀る
奥津宮（江の島）

市寸島比売命を祀る
中津宮（江の島）

田寸島比売命を祀る
辺津宮（江の島）

照大神と素盞鳴尊を祀る神明宮とし、本宮を奥津宮として多紀理毘売命を、上ノ宮を中津宮として市杵（寸）島比売命を、下ノ宮を辺津宮として田寸（たきつ）比売命を祀るようになったのである。そして一山の総別当であった岩本院は、寺を廃業して岩本楼という旅館に転じた。三宮に御尊体とされた弁才天像、江島縁起絵巻、その他弁才天の寺としてあった当時の什宝はすべて岩本楼が所有することになったというが、現在、伝弘法大師や伝慈覚大師作の弁才天像などは上宮社殿の前の弁才天奉安殿に祀られている。

元本宮であった岩窟は二十数年前に岩壁が大剥離落下して入場を禁止されてしまったが、近年鉄骨に金網張りのトンネル式通路が作られ、洞内に入ることができるが、それも途中まででで奥まで入るのは危険である。一〇〇メートルほど入ると洞は二股に岐れ、右の方の奥には天照大神を祀る小さな石彫の社があり、その左右には奇怪な表情の石神が祀られている。そして手前に少し窪んだ所があり、ここが文覚上人が籠った所といわれ、その前が祭壇跡である。ここに至る途中に、とぐろを巻いた蛇の形の石があり蛇石と呼ばれているが、江の島の洞窟の中で弁才天信仰の痕跡と思われるのはこの石一つだけである。

二股の左を行くと、右壁際に七観音と呼ばれる石彫の観世音菩薩像が列んでいるが、落盤のためか損傷している。さらに進むと日蓮の寝姿石があり、その先は三日月形の池がある。ここは二段であって下段に水が溜っており、突き当りに素盞鳴尊を祀る石彫の小祠がある。ここが突当りのようであるが、なお穴は続いているのを石の柵で塞いである。

この池が蛇形池といわれるもので、『安然記』に「瑠璃壇前有池、池中有白龍長八寸、是無熱池之龍王也」とあり、これも弁才天に因んで付けられた伝承である。この岩窟は数万年以来の海水の侵蝕によってできた洞窟である。これに列んで第五までの洞窟があるが、海水に面して中に入り難く、白龍が棲んでいるとされて白龍窟と呼ばれている。

第四の洞窟には池があり、『安然記』によると、

次有池名龍池、諸龍之住窟也、自此窟起雲雨窟奥際有池、自池際上五尺餘有円窟、是弁才天所在之穴也、前有松高二尺餘、金毘羅大将鎮住窟也

第五の窟を飛泉窟と唱ふ。窟中に瀑布あり其下に坳ありて水を湛ふ。龍池の辺に二穴相並べり。里俗二つやぐらとも云ふ。建仁三年忠常富嶽の人穴に入り、帰途爰に出来りしなりと伝ふ（このことは『吾妻鏡』に記されているが、仁田四郎忠常の虚言である。）

とあり、江の島の洞窟はすべて海水の侵蝕によってできたものであるが、弁才天信仰から発してほとんどが龍の棲んだ穴としている。

つまり、江の島信仰を有名にしたのは弁才天であって古神道の神々ではないから、江の島弁才天の功績はすこぶる大きいとせねばならない。

金華山と弁才天

金華山とは宮城県の東部の牡鹿半島の南端から約一キロの瀬戸を隔てた小島で、現在石巻市に属するが、小山状の島で西斜面に黄金(こがね)山神社がある。

奈良朝の聖武天皇の天平二十一年（七四九）に、陸奥国から初めて黄金が採掘され一躍有名になり、大伴家持も「すめろぎの御世の栄えんと東なるみちのくの山に黄金花咲く……」と詠じている。こうした伝承によって涌谷町に黄金宮が建てられたが、やがてこの島にも黄金山神社が建てられ、金華山の名の起こりとなった。海の中の島であるから当然宗像三女神の信仰があったはずで、三女神からは弁才天信仰に発展することは自然の成り行きである。

金華山島は花崗岩と花崗片麻岩で成り、頂上は四四五メートルもあり眺望よく、牡鹿半島から神聖な島に見えるから、古代信仰として神の居ます場所として見られるのは当然であった。ゆえに厳島のように、海洋民族が目標として神に祀る気持を持ったのは当然であるから、おそらく宗像三神が祠られていたものと思われるが、奥州で黄金が採れて金山毘古神・金山比売神が黄金山神社として祀られ、この島に遷座してより、黄金の神とされるようになったのであろう。

金華山が弁才天を祀ると俗信され、日本五弁天の一つに数えられるほどに有名になったの

黄金山神社の社殿

黄金山神社の弁才天図

は、宗像三女神（その中の市杵島姫命）を弁才天とみる習合があったからであると思われる。

『和漢三才図会』にも、

金花山　在二仙台ヨリ卯辰ノ方一（陸上十三里半　海上十七里）海ノ島也　弁才天（江州竹生島　相州榎島　芸州厳島　世称三弁天又加二富士山金花山一謂二五弁天一）有レ寺名二大金寺一

聖武帝（天平二十一年）自二当山一始出二黄金一　国司（百済王敬福）献レ之　京師（帝甚喜似為造二大仏一之像徳而初得二此宝一仍幸二東大寺一謝）其島傍所レ出海鼠背帯二金色一　故称二金海鼠一　亦奇也

山ノ上有二三社権現一　山ノ奥有二水晶ノ大石一　高五丈許六稜而三抱許白色如二水晶一

とあって、山上に三社権現があるというのは、古代信仰としての宗像三女神であったのではあるまいか。

江戸時代までは大金寺があったので、これが社を管掌していたからこそ弁才天信仰として有名になったのであろうし、黄金が採れたという伝承から福神の大黒天が祀られたりしたのであるが、明治の神仏分離令によって黄金山神社となり、鉱山の神としての金山毘古・金山比売の男女神を祀るようになった。

しかし、未だに弁才天信仰はあり、漁業に従事する者が多くここを信心し、また黄金の因縁から福運を得たい者は福神としての弁才天や大黒天に祈願するためにこの島を訪れる。

特に大黒天は、三年続けてお詣りすると金銭に不自由しないと俗信されるが、日本で造形された大黒天像は宝の袋を背負い打出の小槌を持つが、その小槌は打ち振るたびに黄金が飛び出すという話から、黄金の神金山夫婦神になぞらえて祀るようになったものであろう。

天河大弁財天社

奥吉野天川には、宇賀弁才天を祀った天河大弁財天社がある。

ここは吉野郡の中の天川村で、近畿地方では一番高所の村で地域も広く、弥山・山上ガ岳という高峻の山に囲まれ、十津川の支流の天ノ川が東西に貫いている秘境である。

日本神話によると、神武天皇が東征して近畿地方に至り、熊野に上陸し、それから北進してこの地に至り、ここの岩に登って大和を眺めたという磐座（いわくら）があり、現在天河大弁財天社の改築された社前にその遺跡がある。また天から四つの石が降ってきて社の周囲に落ちたとも伝えられ、古くより修験道とのかかわりが深い土地であるが、海から遠い山中であるのになぜ弁才天が祀られるようになったか。それは、土地神である稲荷神と習合したからであると思われる。

『和漢三才図会』に、

本尊　弁才天　本名宇賀神主

又竹生島、榎島、厳島、金華山、富士山謂二之五弁天一

役行者先ッ入二当山一窺レ事山窟ニ冷泉湧出神霊光明赫耀自レ此入二大峯一之地ナリ　而後

弘法大師作二弁才天像一安レ之
△按仏説弁才天経（頓得如意宝珠陀羅尼経貪転福徳円満白蛇示現三日成就経宇賀神王福徳円満陀羅尼経）凡有二三部一其説有二少異一撮レ文曰宇賀神主ノ形如二天女一頂上ニ有二宝冠一　冠中有二白蛇一　其蛇ノ面如二老人一　眉白有二八賢一　左ノ手（宝珠、鉾、輪宝、弓四品持二四手一）　右ノ手ニ（剣、棒、印、鑰箭四品持二四手一）　持宝器有二十五童子一
印鑰童子、官帯童子、筆硯童子、金財童子、稲粈童子、計升童子、飯櫃童子、衣裳童子、蚕養童子、酒泉童子、愛敬童子、生命童子、従者童子、牛馬童子、船車童子
若欲二供養此神主一者白月一日ヨリ至二十五日一（就中一月三月五月七月十三日最吉又八月十五日亦勝）　若不レ以二白月一人ハ毎月巳亥トノ日可レ用（四月初巳日天子行二御園祭一十月上亥日行二豕子ノ節会一挍二於此一乎）

とあり、天河大弁財天社の本尊は弁才天であるが本地を宇賀神であるとしている。本来は古くより祀られていた土地神・産土の神であろうから、稲荷神と同じである。『弁天五部経』によって宇賀神は弁才天とされ、稲荷神と宇賀神（倉稲魂神）と習合して宇賀弁才天を生じたから、天川弁才天は琵琶を弾じる妙音弁才天ではなく、『金光明最勝王経』に説く八臂の弁才天である。

現在天河大弁財天社には、御神体として八臂の弁才天像と十五童子と脇侍に毘沙門天と大黒天が祀られている。これが神仏混淆の時代の弁才天であり、現在の宇賀神である。

なぜ、この地に弁才天が祀られるようになったかというと、伝承と『和漢三才図会』などによれば、修験道の開祖役の小角行者がこの山に入り、山窟に霊泉湧出し神霊光明の光り輝

くを見て弁才天の示現を感得し、弥山に弁才天を祀ったとされている。そして天武天皇が社殿を造営し、後に弘法大師がこの地で三年修行して弁才天の御姿に接したので、その像を自ら彫刻して納めたとされるのである。

この二人の修行のコースをみても、天川は修験道に欠かせない重要の地であったことがわかるし、海抜一〇〇〇メートルの日本最高所を流れる川が天ノ川といわれ、土地名となった理由もわかり、ここは修験道仏教において天上界であったわけで、弁才天社の背後の山が弥山（須弥山。仏教でいう世界の中心に聳える山・妙高山）と呼ばれるわけもわかる。修験道が盛んになったのは平安朝初期からで、天台宗の開祖の最澄（伝教大師）、真言宗開祖空海（弘法大師）などを始めとして円仁・円珍などが比叡山や高野山・大峯・葛城山を開き、熊野三山が修験道の道場となった。

醍醐天皇の御代には、聖宝が役の行者の事蹟を尋ねて大和の山々を巡り、金峯山に金剛蔵王の像を祀り、吉野山の鳥栖真言院で峯受灌頂を行い、また醍醐三宝院を創建してここを修験の道場とした。その門より出た助賢は、昌泰三年（九〇〇）には大峯山の検校に任ぜられ、観賢は一派をなして当山派修験を称したが、これを真言修験といっている。

また天台の円珍は、寛治四年（一〇九〇）白河法皇の熊野御幸の際にその先達を勤めたので、熊野三山の検校に補せられた。そしてこの宗の増誉は、京都北白河に聖護院を創建して熊野三所権現を勧請したので、この一派を本山修験といい天台修験といっている。

天川弁才天

こうして熊野は修験道のメッカとなったが、天台の本山派は熊野から大峯に入るコースを選び、当山派の真言は吉野山から大峯を経て熊野に入るコースを選んだので、前者を「順の峯入り」、後者を「逆の峯入り」というが、これらのコースに天川が位置するから、天川の弁才天信仰は中世に大いに拡まった。

奈良の興福寺の大乗院は、この当山派であるために天川弁才天信仰にも力を入れ、修験道的弁才天を曼荼羅図にして大いに拡めた。これを「天川曼荼羅図」と称しているが、現在長谷寺（真言宗豊山派総本山）の能満院に所蔵され、独特の弁才天の表現となっている（五三頁の図参照）。

ただし、天河大弁財天社がかかる弁才天を祀ったのではなく、天川弁才天を、真言宗修験がその解釈のもとに独特な姿として作りあげたものであろう。その図は山岳神的要素の強いもので、海の弁才天としての色彩は稀薄である。

このように、修験道の影響を強く受けた弁才天は、蛇に結び付けられ易いために宇賀弁才天としての姿となる。

したがってこの社の弁才天も、宝冠の中央に白蛇のわだかまる姿を表現し、神仏分離後も宇賀神として祀るが、その姿は弁才天そのままである。

弁才天信仰には、多く役の行者と弘法大師の因縁がまとわり付くのは、修験道修行者が参籠祈請し、そこに仏神の示現を求めようとすることが多かったからである。

天川弁才天の御神体は、本殿に三つの扉を立てて祀られ、中央は一般的に見られる八臂の弁才天、右扉は六〇年に一度しか開帳されぬ秘神の弁才天、左扉はまったく開帳しない灰煉の弁才天像であるという。ここの祭事は、神社でありながら現在でも京都聖護院門跡による関与があって取り行われるという。

この秘中の弁才天が「天川曼荼羅図」にある弁才天と関係あるのであろうし、灰煉弁才天はおそらく一万座護摩を焼いた灰をもって塑像されたものであろう。

また天河社には、五十鈴と呼ばれる三つの鈴が小さい輪によって連接された御神体がある。これは生魂（いくむすび）・足魂（たるむすび）・玉魂（たまむすび）の神霊をあらわしたもので、天地を創造した天之御中主神（あめのみなかぬしのかみ）・

高御産巣日神(たかみむすびのかみ)・神産巣日神(かみむすびのかみ)の三神をあらわしたものといわれる。記紀によれば、天照大神が素盞嗚尊の乱暴を嫌われて天の岩戸に籠られたので、天地が闇黒となり悪しき神が挑梁したので高天原の神々は困ってしまった。そこで天照大神を何とかして御迎えしようと神々が相談した結果、天の岩戸の前に鏡をかけた榊木を立て、桶を伏せて天受女命に踊りをさせ、その滑稽なさまに神々が哄笑したので、天照大神は天の岩戸を少し開けて外を覗かれた。そのときに手力雄命が天の岩戸を強くあけて天照大神の御手をとって御迎えしたので、高天原は再び明るくなった。このとき、天受女命はこの五十鈴を矛の先につけて踊ったとされ、これは天一目命が鋳造したものであるといわれている。

古墳時代には鈴鏡が作られているからおそらくこれも鈴鏡を象ったものであろうが、三鈴を繋ぐ輪からは釧(くしろ)を想わせる。

三つの鈴は中央が輪状の筋が付けられ、中心が尖っているから明らかに宝珠を象ったもので、仏教でいう如意宝珠を三つ連ねたものであろう。この宝珠形鈴の意味するところは福徳財宝のしるしであり、弁才天が福神としての場合の日本的表現のシンボルでもある。

また、この宝珠を鈴としたのは、神霊としての音霊(おとだま)であるとともに音楽の神でもある妙音弁才天であることを意味する。

そして弁才天が市杵島姫命に習合した場合は、三ツの鈴は宗像三女神にもあてはまる。神武天皇が東征の折、途中で作戦を変えて熊野から上陸し吉野を経て大和に入ったごとく、これは瀬戸内文化が近畿地方の中央に入る一コースでもあるので、当然、瀬戸内を東に拡がっていった宗像三女神信仰も、こうしたコースに乗れば深い奥吉野にも入る可能性はある。海の女神である宗像三女神も、山また山の地方に祀られるうちに、修験道修行者によって単なる女神の神霊を示す山となり、やがて仏教的発想によって弁才天の顕現となり祭神がすり変ったとも考えられる。

厳島神社背後の山が弥山と呼ばれるのと同じく、この天河大弁財天社の背後の山も弥山と呼ばれる。これは仏教の宇宙観によって、世界の中央が須弥山であるという思想から出たもので、この天川が古代人の中心地であると考えることによって弥山という名が付けられ、天上界と見倣されたのであろう。

富士山弁才天

日本五弁天の一つに数えられ、時には六弁天の中に含められ、日本有数の弁才天信仰の場所として有名であったが、浅間神社（富士山信仰の神社）がなぜ弁才天信仰の対象になったかわからない。

もちろん江戸時代までは、神仏混淆で本地垂迹の説がまかり通ったから、祭神木花開耶姫命が弁才天に仮託されることは頷けるが、明治の神仏分離以後現代は、木花開耶姫命とその

富士宮市の浅間神社

夫神である皇孫瓊瓊杵尊（ににぎのみこと）と姫神の父に当る大山祇神の三神が祭神である。

浅間神社は「せんげん」とも「あさま」とも訓むが、富士山の神秘性に対する畏敬から生じた古代人の素朴な信仰から生まれた神である。ゆえに富士の霊峰の望める地域に浅間神社は多く分布し、その本宮は静岡県富士宮市大宮に鎮座し、富士山の登口にある山梨県一の宮、吉田口、須走口、そして静岡県静岡市宮ヶ崎町などが特に有名で、全国では約一三〇〇社あるといわれ、民間信仰としては広い層を持っている。

静岡県富士宮市大宮にある浅間神社は、富士山本宮浅間神社といい駿河国一の宮という。

神仏混淆の時代の名称によって浅間大菩薩、浅間大明神、富士浅問宮、富士権現ともいった。駿河口の富士登山道の南口に祀られ、奥宮は富士山頂にある。

垂仁天皇三年（二七）の創建と伝えられるが、現在地に祀られたのは平城天皇の大同元年（八〇六）とされている。富士山には役の行者が初めて登山したといわれ、その後空海や円珍が登ったといわれるが、役の行者や空海・円珍の事蹟のあるところには弁才天が示現した伝承が多い。仁寿三年（八五三）に名神に列して従三位となり、延喜においては名神大社に列した。霊峰名山であるために修験僧・山伏の登山多く、平安時代末期には大日寺が建立され、山岳仏教と習合して富士浅間大菩薩と呼ばれ仏教神にみられ、秀麗な姿のため神仙思想とも複合して山頂は仙界と考えられたり、大山祇神の幽宮と思われたので、死者の集る天界ともされた。この山の神秘性は多くの武将の崇敬を得てその庇護を受け、江戸時代は神領に一五〇〇石を受け、山伏行者の先達により庶民の登山が多くなり、諸方に数多くの富士講ができ、現在でも盛んである。

また、山梨県側からの登山口である東八代郡（現・笛吹市）一宮町にも浅間神社があり、これはもと峯城山の中腹にあったが貞観年間（八五九〜七七）に今の地に遷座し、延喜の頃に名神大社となり、ここも武将をはじめ庶民の信仰厚かった。祭神は木花開耶姫命である。

もう一つ静岡市宮ヶ崎町にも浅間神社があるが、ここは富士新宮または府中浅間宮と呼ばれ、木花開耶姫命、瓊瓊杵尊、栲幡千千姫命（たくはたちぢひめ）を祀っていた。境内に駿河国の総社である神部神社と産土神である穀神の大歳御祖神社があり、これの合祀は元仁元年（一二二四）に駿河国総社と富士新宮が焼失したときに、北条義時が再建合祀したことに始まるといわれている。

このように、浅間神社は富士山の神霊を木花開耶姫に見立てて祀られたものであるから、弁才天と関係ないようであるが、真言宗の修験僧によって大日寺が建てられるとそれが別当となったので、本地垂迹の説をあてはめて弁才天信仰を生じ、その結果日本の五弁天・六弁天に数えられるほど著名になったのである。

『和漢三才図会』によると、

祭神　木花開耶姫命（大山祇命之女 瓊瓊杵尊之妃）

平城天皇大同元年建二社於山頂一号二浅間大権現一　役行者始登山ス矣　空海円珍両大師多作二仏像一寄レ之

延喜年中ニ勧二請富士本宮神於麓一称二之新宮一　山之北面甲州ノ口有二華表一額日三国第一山　貞観元年正月神階従三位　富士ノ山ハ隷（ツイテ）二駿州一而跨（マタガル）二于四箇国一南面ハ駿州　東北ハ相州　北西ハ甲州　巽（略跨豆州）　凡関東八州望レ之　山形不異唯北面山脚長　南面殊峻岨也　自二甲州一登日二吉田口一　自二駿州一登日二大宮口一　自二相州一登日二蹉走（スバシリ）一而其三処各有二浅間神社一　而坊舎神職有レ之　皆謂二之新宮一

孝霊天皇五年六月富士山始見　蓋江州ノ湖一夜漏出其土為二富士山一　故于レ今江州人ハ七日精進其余人ハ百日潔斎シテ而登レ山　毎六月上旬ヨリ至二七月一登レ山　其頂上常有二煙気一　而四時雪不消唯六月十五日ノミ一日消　其夜降

当山有㆓自ラ焼出㆒

○弁才天 富士山駿州　竹生島江州　榎島相州　厳島芸州　金花山奥州　天川和州　称㆑之六弁天

とあり、駿河国にはこのほか岡ノ宮、屋原村、大岡村、沼津、賤機山にも浅間神社があるとしているが、この賤機山浅間神社が富士新宮または府中浅間宮と呼ばれるもので、甲斐国（山梨県）の浅間神社は、

浅間大明神　在山代郡（山代は八代の誤まり）

祭神　富士大権現　社領二百三十四石　雄略天皇之御宇ニ現㆓於此㆒

二ノ宮　在㆓二ノ宮村㆒　社領百七十石

三ノ宮　在㆓国玉村㆒　社領六十一石

と記しているが、ここには弁才天社は無い。

静岡県富士宮市大宮の浅間神社は、役の行者や空海・円珍などの伝承から弁才天信仰を生じやすいから、木花開耶姫命が弁才天と複合したのであろうし、大日寺のあった頃は伝空海や円珍作と称する弁才天も祀られていたのであろう。そうしたことから、富士弁才天は神仏分離以前には認識され拡まっていたのであろう。

第三章　各地に祀られる弁才天

東京

江戸は徳川将軍家の御膝元、五万数千人の旗本直参から日本全国大名の江戸詰の武士やそれらに付随する武家奉公人、そしてあらゆる階層の市民や諸国の商人が雑居していて、江戸時代中期にはすでに百万人の都市といわれていたから、神社仏閣もすこぶる多い。

こうした中で一番多いのは稲荷であるが、『江戸名所図会』の記述によると、弁才天社も決して少なくはなく俗に百弁天と称されていたという。

稲荷神は地主神・産土神として屋敷の中にも祀られ、町内には必ずあるほど多いのは福徳神であるからであるが、同じ福徳神にもみられている弁才天は、多くは寺社に祀られて個人的に祀られることが少なかったためか、稲荷神の数には及ばない。

しかし、縁起物として七福神信仰があり、弁才天の画像は七福神として各家庭には一枚や二枚、時には揃いの彫像として飾られたりしていたから、その数は稲荷神を上回る。

七神の中の紅一点として美貌輝く存在であるから人気があるのは当然で、美人の形容にされたり女性の部分の隠語になったりして、七福神の中では一番人気のあるお色気の神として馴染まれている。

今ここに、江戸時代以来現在に至るまで祀られている、東京の主な弁才天祠について触れてみよう。

なお、この章では、各寺社が現に使用している呼称や史料に従い、弁才天と弁財天を併用することをお断りしておきたい。

▼妙音寺の弁財天〈江戸川区〉

江戸川区一の江町であるが、現在何町目に属するか未詳。『江戸名所図会』揺光之部巻之七に、東一の江村に真言宗医王山妙音寺に弁財天の宮があるとしている。薬師如来を本尊とするが、本堂の前に池があり、その中島に寺記によると宝治元年（一二四七）丁未に勧請したとある。妙音寺は建久元年（一一九〇）創建であるが、妙音の名に因んで中島に弁財天を祀ったものと思われる。

▼松本町の弁財天〈江戸川区〉

江戸川区松本町にも弁天宮がある。

▼木根川薬師の弁財天〈葛飾区〉

葛飾区四ツ木の旧木下川村（現四ツ木一丁目三）にある青龍山浄光寺薬王院は、中川河口と木根川の間にある木根川薬師として有名である。『江戸名所図会』揺光之部巻之七に所載されている天台宗の寺であるが、弁財天も祀られている。

大門の内右の方、池の中島にあり、護伽藍神と称す。往古慈覚大師浅草寺の観音へ参籠の時瑞雲青龍東方に現じて、この霊地を示しける。因て青龍を鎮れり。神体なき故に、昔当寺の住僧某、伝教大師の作の塑像を安置すといへり。

と記され、この寺は木下川薬師堂ともいわれ、鳥瞰図では境内本堂に向って右側に池があり、中島に弁財天堂が建てられている。

木根川は土地の人は杵川・亀毛川・木毛川というが、現在は木根川といっている。

▼真光寺の弁財天〈葛飾区〉

葛飾区柴又七ノ五ノ二八にある真勝院真光寺は、帝釈天の北西、金町浄水場の南隣で、五智如来の石仏で有名であるが、柴又七福神巡詣の場所として弁財天が祀られている。寺は大同五年（八〇六）に創建されたと伝えられるから、東京都内でも相当の古刹で、妙音弁財天が祀られていて有名である。

▼本所回向院藁づと弁財天〈墨田区〉

本所回向院は墨田区東両国にある浄土宗の寺で、明暦三年（一六五七）に本郷の本妙寺から出火して江戸中が焼け、十万人前後の焼死者が出たとき、幕府は寺社奉行松平勝隆に命じて芝の増上寺にその供養をさせた。そのときにこの地に寺が建てられ国豊山と名付けられたが、各宗に帰依した死者や無縁仏となったものがあるので、諸宗山無縁寺ともいった。以来、行き倒れの無縁仏や刑死した者の死骸を葬る寺として有名であった。大正五年（一九一六）に火災にあって仮本堂が建

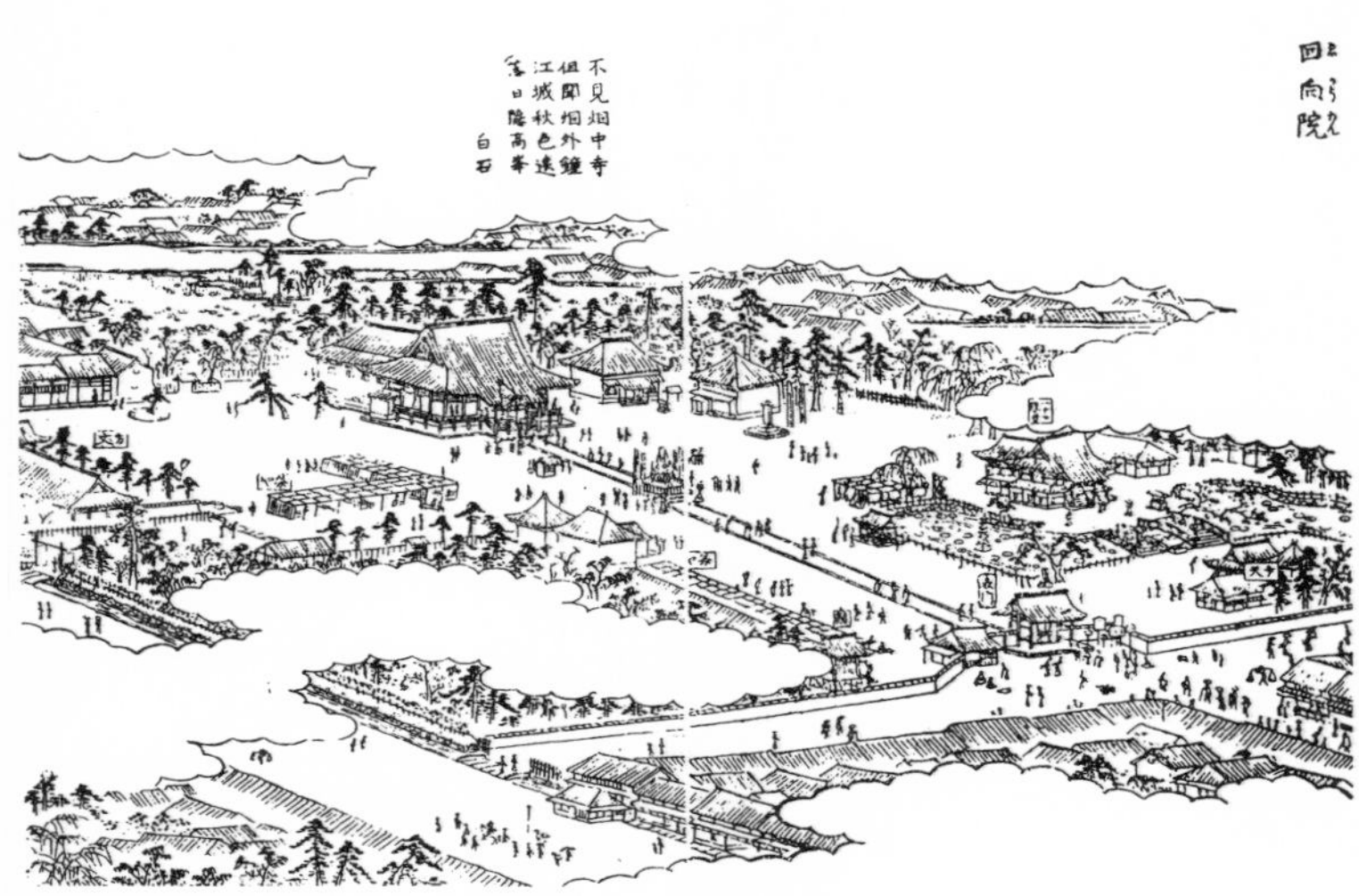

回向院の弁財天（『江戸名所図会』）

てられたが、大正十二年（一九二三）の関東大震災と昭和二十年（一九四五）の大空襲で罹災するなどの厄に遭い、戦後復興した寺である。

境内が広く、天明元年（一七八一）にここで勧進相撲が行われ、これがきっかけで文政十年（一八二七）以来昭和の初め頃まで続き、両国の国技館として世界的にも聞こえた相撲のメッカでもある。

この境内にあった弁財天祠は、門を入った右側に堂があった。『江戸名所図会』揺光之部巻七に、

弁財天祠、同所（国豊山回向院のこと）にあり、世に藁裹（わらづと）弁財天と称す。昔当寺の開山上人（貴屋大和尚のこと）勤行念仏の間、仏堂の前にして藁裹に弁財天の御首ばかりを拾ひ得たり。まさしく弘法大師の作なるべき事を推知し、新に仏体を彫刻して小祠を営み、当寺の護法神とあがめたり。

とある。明暦三年にこの寺が建てられたのであるが、その後数年たったころ藁づとに入れた弁財天像の首が落ちていたのを拾い、胴体を新作してここに堂を建てて祠ったのが始まりとしている。しかも、この弁財天の御首は弘法大師の作であると推定したというのであるが、なぜ首だけ境内に落ちていたのであろうか。どこに祀られていた弁財天であろうか一向不明なところに、有難味があるのであろうか。『江戸名所図会』の鳥瞰図では小さくはない堂で、傍に茶店があるから、かなり賑わった堂であろう。しかし回向院は数回罹災しており、人家

が次第に境内を蚕食し、現代の境内はあまり広くないから、このいわくある弁財天堂も失われてしまったものと思われる。

▼本所一ツ目の弁財天〈墨田区〉

現在、墨田区千歳一丁目八番地あたりの江島神社と杉山神社のある所で、江島神社がもとの弁財天社であろう。『江戸名所図会』揺光之部巻七に、深川八幡宮御旅所前、大川端一の橋詰にあることが記されている。

弁財天社　同所（深川八幡宮御旅所のあるところ）一の橋の南の詰にあり、祭る所は相州江島に同じ。元禄のはじめ惣検校杉山氏勧請す。己巳の日参詣多し、相伝ふ杉山検校は奥州の産にして信都（ケイイチ）といふ。その志天下に名をなさんことを欲し、三七日の間飲食を断ちて相州江島に至り、天女窟に参籠し、至心に其事を祈請せしに、果して霊験あるを以て、竟に鍼術に妙を得たり。故に世に称して杉山流といふ。慶安の頃台命を蒙り屢〻営中に召されて昵近す。元禄のはじめ今の地一丁四方を賜ひ瞽者の総録となさしめられけるとなり。また京師にても清聚庵の地をたまふ。ここにおいて一派の規矩備はれり。毎年二月十六日、六月十九日には瞽者宝前に集会して琵琶を弾じ平曲を奏す。京師積塔会にならうて行ふ所なり。

とある。杉山検校の賜った土地に、江の島の弁才天に倣って弁才堂を建てたのである。

杉山検校は奥州の産としているが、伊勢国の人で、慶長十五年（一六一〇）の生まれ。和一といい、幼にして盲目となり、江戸に出て鍼術を検校山瀬琢一に学び、さらに京都に赴いて鍼科の師入江豊明に学んだ。

名を成さんことを希って、江の島の弁才天窟に二十一日間断食参籠祈願し、終えて島内を巡る途中、転んで地面に手を伸し握んだ木の葉のくるまった中に松葉が入っており、それを弁財天の啓示として管針を発明した。現在、江島神社の参道に杉山検校の碑がある。それより鍼術大いに進歩し、名声を得て徳川五代将軍綱吉の病気を治療して家禄を給せられ、やがて関東総録検校に任ぜられた。今の千歳一丁目に屋敷

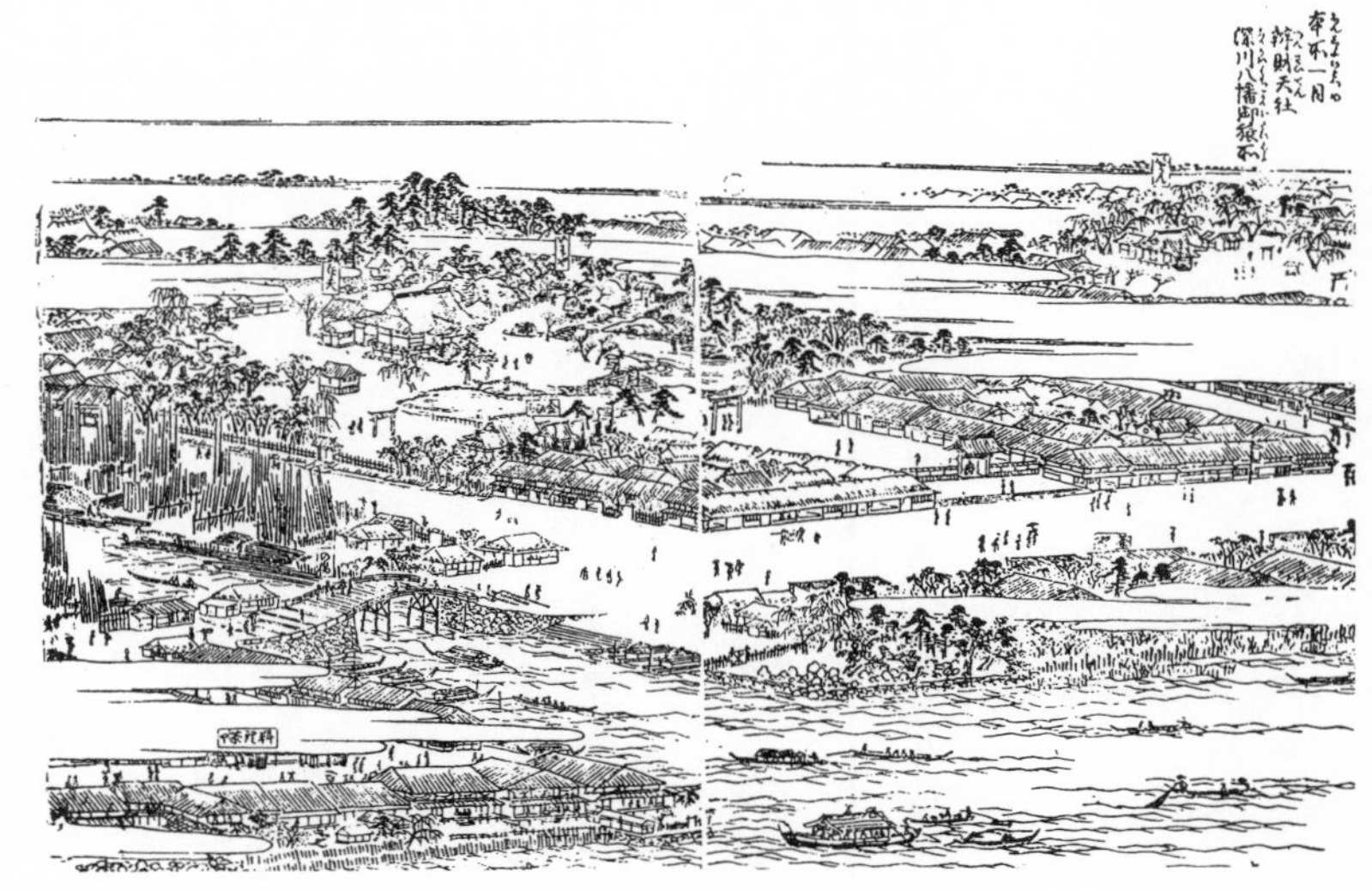

本所一ツ目の弁財天社（『江戸名所図会』）

を賜ったので、そこに鍼治講習所を作り、杉山流鍼術を唱道した。『療治大概集』『節要集』『選鍼三要集』の三部書を著し、元禄七年（一六九四）八十四歳で没した。

弁財天祠ができたのは元禄のはじめであるとされるから、杉山検校八十歳前後であり、杉山氏の徳を慕って杉山神社が建てられ盲人の信仰を集めた。現在の江島神社が当時の弁財天祠で、江戸時代は深川八幡宮御旅所の裏に当って御堂があった。

▼長命寺牛島弁財天〈墨田区〉

現在の墨田区向島五丁目四番地に当る長命寺境内の弁財天堂で、牛島弁財天として有名であった。『江戸名所図会』揺光之部巻之七に、

宝寿山長命寺　遍照院と号す。天台宗東叡山に属せり。本尊は等身の釈迦如来、脇士は文珠、普賢、般若、十六善神等の像を安置す。

牛島弁財天　同じ堂内に安ず。伝教大師の作なり。長命水（説明略）、延寿椎（説明略）、白在庵旧趾（説明略）

当寺昔はいささかの庵室なりしが、寛永年間、大樹御遊猟の砌、少く御不予にあらせられしかば、此寺内に休はせたまひ、庭前の井の水をもて、御薬を服し給ひしに、須臾にして常にならせ給ひしより、此井に長命水の号を賜はり、寺の号をも改たむべき旨、台命あり、爾来（しかりしより）長命寺と称す。（昔は常泉寺と云ひしなり）殊更当時は雪の名所にして前に隅田河の流をうけ

て、風色たらずといふことなし。

とある。ここも隅田川の東岸で古くは牛島四か村といい、本所中の郷から洲崎までの惣名で、江戸の郊外であったが、牛島神明宮・太子堂・三囲(みめぐり)稲荷・牛御前宮などあって風流の土地であった。現在は向島五丁目となり、人家・ビル櫛比してその面影はまったく見られないが、長命寺は隅田川に添って広い境内を有し、本堂、釈迦堂などの立派な建物が並んでいた。

弁財天は本堂に祀られ、伝教大師の作として伝えられていた。ここも震災・戦災に遭ったが本堂も再建され、弁財天も祀られている。

▼深川冬木弁財天〈江東区〉

江東区深川の冬木町の冬木弁財天社は、江戸時代より著名であった。

弁財天像は、江の島の裸弁天を模して江戸時代中期の仏師津田丹治藤原勝重が製作したものと伝えられる。

津田丹治は盲人木村検校の依頼によって江の島の裸弁財天を模して製作し、埼玉県高麗郡飯能の小岩井無量寺に納めたが、もう一体同型のものを製作してこの冬木弁財天社に納めたというのである。惜しいかな大正十二年（一九二三）の関東大震災で焼失し、再建されたが、昭和二十年（一九四五）の大空襲で焼けた。現在の弁財天社は新しいものであるが、津田丹治の裸弁財天は今は無い。

▼洲崎弁財天〈江東区〉

現在の江東区木場六丁目の洲崎神社内にある。『江戸名所図会』揺光之部巻之七に、

洲崎弁財天社　同所（もとこの近くに三十三間堂があった。元浅草にあったが元禄十一年九月に火災で焼失し、この地に再建された）東の方洲崎にあり。別当を吉祥院と号す。本尊弁財天女の像は弘法大師の作といふ。相伝ふ、元禄年間深津氏正隆台命を奉じ、八幡宮（富岡八幡宮のこと）より東の方の海浜を築立て、陸地とす。依て同十三年庚辰、護持院の大僧正隆光（字栄春 河辺氏）此地に天女の宮居を建立すとなり。

此地は海岸にして佳景なり。殊更

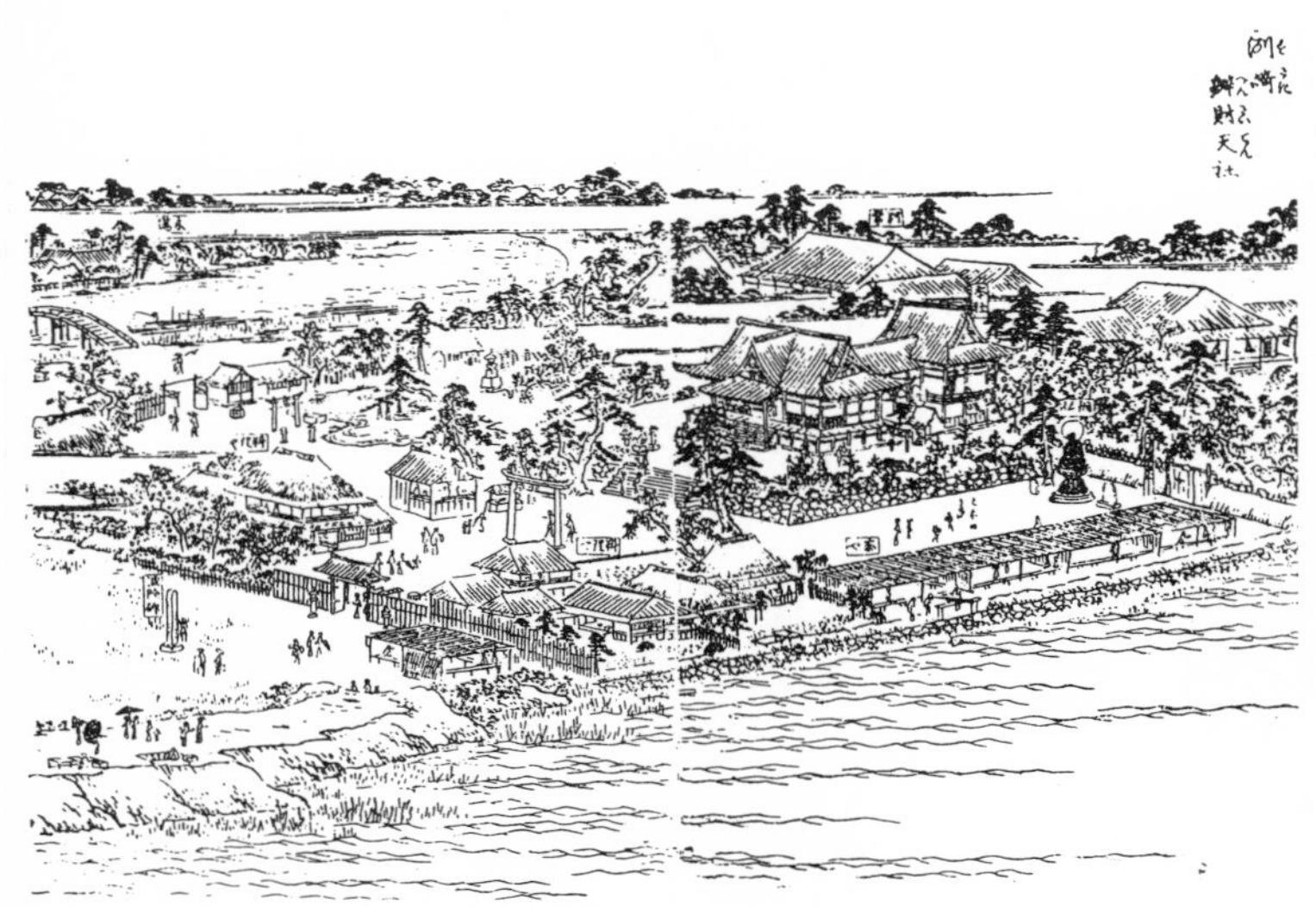

洲崎弁財天社（『江戸名所図会』）

> 弥生の潮尽（しおひ）には、都下の貴賤袖を連ねて真砂の文蛤（はまぐり）を捜り、又は櫓船を浮べて妓婦の絃歌に興を催すもありて、尤も春色を添ふるの一奇観たり。又冬月千鳥にも名を得たり。

とあり、元禄の埋立地に、護持院の大僧正隆光がここに弁財天堂を建立したのが始まりである。海に面してかなり大きい社で、石垣を築いた壇上に大きな拝殿と本殿があり、境内も広く海側には茶店が並んで風光明媚の土地であり、潮干狩や船遊びのできる土地であったから、都下の士庶が弁財天参詣のついでに遊覧する名所となり、妓楼もできて浮世絵にも描かれた。その後度重なる火災・震災・空襲などで焼失したから、伝弘法大師作の弁財天も失われ、現在はまわりに人家櫛比し洲崎神社としてわずかに名残がある。

▼東覚寺の弁財天〈江東区〉

江東区亀戸四丁目二四ノ一にある明王山東覚寺は、真言宗で弥陀・観音・勢至の三尊を祀り、享禄四年（一五三一）に玄覚法印によって開山されたとされるが、弁財天も祀られているので亀戸七福神巡りのコースに入っている。

▼浅草寺境内銭瓶弁財天と銭塚弁財天〈台東区〉

台東区浅草二丁目の金龍山浅草寺境内に、銭瓶（ぜにがめ）弁天社がある。以前には同境内に銭塚弁財天社もあったことは、『江戸名所図会』開陽之部巻六浅草寺の項に、

銭塚弁財天祠

同所（境内淡島明神社の一画）にあり来由銭瓶弁天の条下に詳なり

とし、銭瓶弁財天については、

山門の前、右の方、池の中島小山の上にあり。世に老女弁財天と唱ふ。神体は慈覚大師の作といえり。江戸雀および紫の一本ならびに寛文年中の江戸絵図にも、当社は二王門の左、今西宮稲荷明神の社地より奥にあるよしを記せり。延宝年中の江戸絵図には、今の社地は空地にて、観音勢至の祠像のみありて堂社なし。紫の一本は山門の東の方に大仏を安置し奉らんと築きたる山ありといへるは、今の弁財天の社のある所の小山をいへり、故にむかしは大仏山といひけるよし。按ずるに淡島明神の地に、銭塚弁天といへる小祠あり、是も当社と一体の神ならんか。小田原記、および北條五代記等の書に、大永二年九月のはじめ、北條氏綱よりの使として冨永三郎左衛門、古河の御所へ参りける帰るさ、当寺の観音へ参詣せしに、折ふし十八日なれば、常よりも殊に参詣の人群集す。此とき弁天堂の辺より銭湧き出づる事ありて参詣の人此銭をとる。寺僧制しけれどもきかず、冨永奇異の思ひをなし、帰りて此事を氏綱へ申しけるよしを記せり。

とあって、大永二年（一五二二）九月十八日に、弁天堂の附近から銭が涌出したことが記されているが、そのときには未だ弁財天堂は無かったとともに、この銭が出たところは銭塚弁財天（淡島明神の区域内）か、銭瓶弁財天（現在の弁財天のある所）か不明であるが、淡島明神の

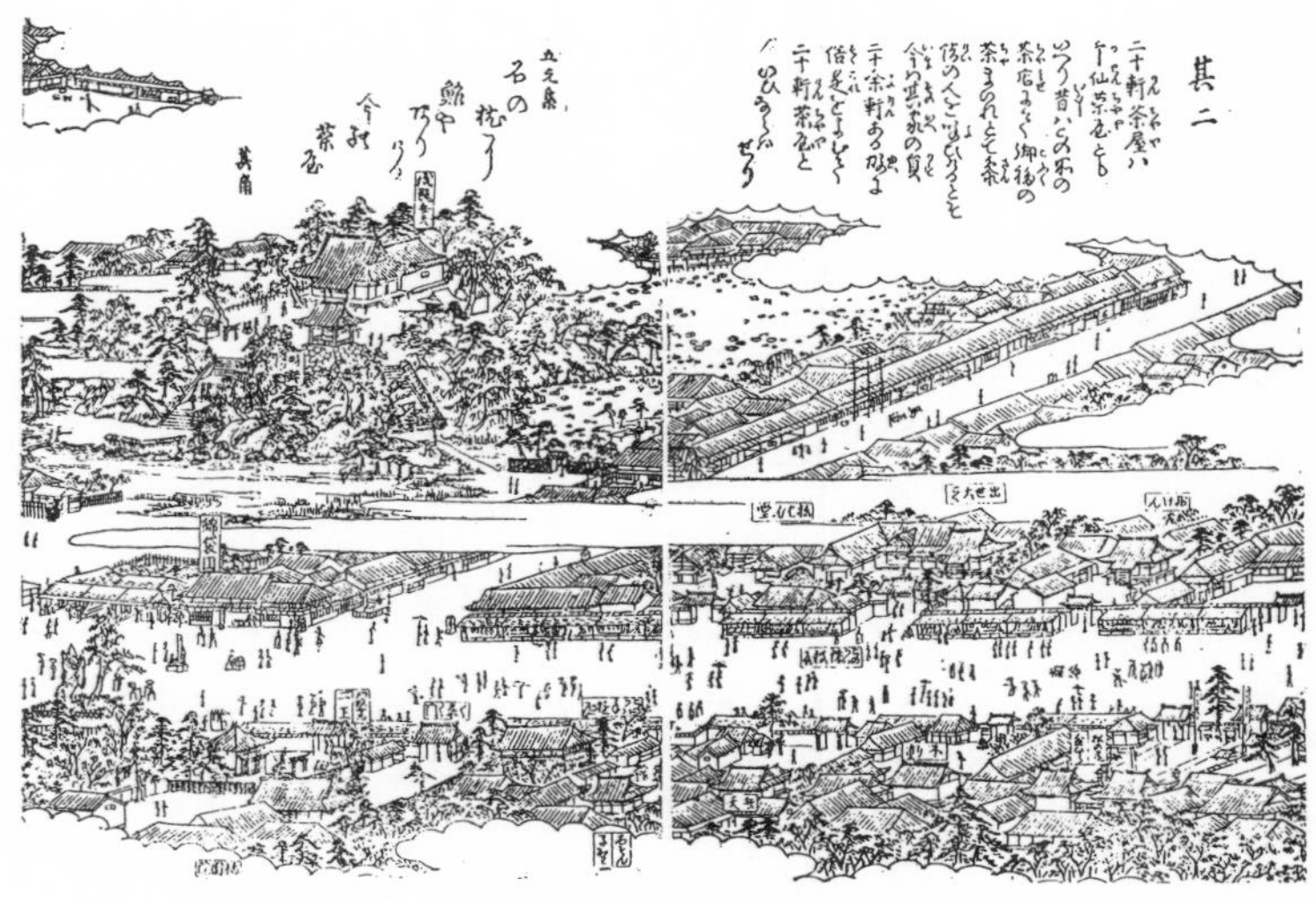

銭瓶弁財天（『江戸名所図会』）

現在の弁天堂（左）**と弁天山鐘楼**（右）
梵鐘は元禄５年に改鋳されたもので、芭蕉の句「花の雲　鐘は上野か　浅草か」で有名なもの。鐘楼は、昭和25年５月に再建されたもの。

北側通りを隔てて、浅草寺本堂に向って銭塚地蔵尊が祠られ、銭塚弁財天は無い。おそらく後に、銭瓶弁財天堂に合祀あるいは同神であるところから一つにまとめられてしまったのであろう。

寛文年間（一六六一〜一六七二）の江戸絵図には銭瓶弁財天堂がある由が記され、延宝年間（一六七三〜一六八〇）の江戸絵図には空地で観音勢至の祠像があるのみであるとしているが、これは延宝の絵図の記載洩れではなかろうか。『紫の一本』は江戸時代初期の書であるが、その頃には大仏を安置しようとして小山を築いたので大仏山といったが、大仏は安置されずに銭瓶弁財天堂が建てられたのであろう。つまり銭塚地蔵尊のあたりから銭が涌出したので、その傍の淡島明神社（池に囲まれている）の傍に銭塚弁財天（銭を福とみて福神の弁財天を選んだ）を建てたが、大仏山が空地であるので、そこにも弁財天堂を建てたのであろう。『江戸名所図会』の鳥瞰図を見ると、淡島明神社は堀川のような池に囲まれたかなり広い地域で、奥に淡島明神の社があり、その前に銭塚弁財天、北側に地蔵堂、入口に近く夷大黒堂がある。現在の銭塚地蔵のあるあたりは、この淡島明神の境内であったのであろうが、浅草寺が繁栄し人家が櫛比するに及んで境内は次第に狭められ、銭塚地蔵は通りを隔てた位置になり、淡島明神も小さな堀に囲まれた小境内にされてしまい、銭塚弁財天も、銭瓶弁財天に移されて同体となってしまったのであろう。

銭瓶弁財天は『江戸名所図会』では、池と堀にかこまれた小山の上に建つ大きい堂で、鐘楼・方丈を備えた立派なものである。

現在は浅草二丁目三番地にあたり、まわりの池堀はすべて埋め立てられている。図録『金龍山浅草寺』には、

世に関東三弁天の一つとされ、また江戸百弁天の第十五番の霊所で、本尊は老女弁財天をお祀りしている。明治の初期までは山下に五重塔（焼失前は東南在）鐘楼を映す池があったが、現在は埋立られ子供の遊び場としての弁天山児童公園が造られている。現在の弁天堂は昭和五八年三月に朱塗のお堂として落慶したものである。

と記されている。この銭瓶弁天社の南の池（現在の弁天山児童公園）の南側は池を隔てて通りに面して茶屋が立ち並び、二十軒茶屋と称して、弁財天詣りにかこつけて生ける弁天様参りをする遊客相手の茶屋が列んで嬌声盛んな所であった。『江戸名所図会』によると、

二十軒茶屋は野仙茶屋ともいへり。昔ハこの所の茶店にて御福（ごふく）の茶まいれとて参詣の人を呼びけるとも今ハ其家の員（かず）二十余軒ある故にぞく是をよむで二十軒茶屋といひならハせり。

とあり、一種の遊び場であったが、現在は飲食店・商店が櫛比して柳通りといっている。

そして関東三弁天の一つに数えられ、弁財天堂としても大きい方であるのに、年頭に縁起で詣でる七福神巡りのコースには入っていない。浅草界隈の七福神巡りは矢先神社の福禄寿（今戸神社の福禄寿とすることもある）、浅草寺の大黒天、浅草神社の恵比寿、待乳山聖天の毘沙

門、鷲神社の寿老人（石浜神社の寿老人とすることもある）、不動院の布袋尊、吉原神社の弁財天とし、弁財天が吉原神社に奪われたのは、ここは昭和三十三年（一九五八）四月一日に売春防止法が布かれるまで、三千の弁天様が鎮座して多くの遊客が群集した所だからであろう。

▼上野不忍池中島弁財天〈台東区〉

台東区上野公園不忍池の中島にも弁財天が祀られている。以前は上野山清水堂の下、池ノ端通りから天龍橋を渡って中島の弁財天社に詣でたものであるが、昭和の初めに池の北側に水上動物園ができたために、七軒町方面と茅町方面から堤状の道が作られ、不忍池は四区画に区分され、中島の弁財天堂は三方面から行けるようになり、中島は中心となってしまった。江戸時代は風光良く池の蓮の花が名物で、弁財天堂を中心に島の回りは茶屋が列んでいたが、やがて出合茶屋となり遊客の利用するところとなり、生身の弁天様を拝する所となったが、現在はその面影なく弁財天堂と聖天が祀られ、芭蕉の句碑や地蔵尊像（後から見ると男性のシンボルに見える）などがあるだけである。『江戸名所図会』玉衡之部巻之五に、

不忍池

東叡山の西の麓にあり、江州琵琶湖に比す。不忍とは忍の岡に対しての名なり。広さ方十丁許、池水深うして旱魃にも涸るることなし。殊に蓮多く、花の頃は紅白咲乱れ、天女の宮居はさながら、蓮の上に湧出するが如く、其芬芳遠近の人の袂を襲ふ。

とあり。中島弁財天については、

> 不忍池の中島にあり。当社は江州竹生島のうつしにして、本尊弁財天および脇士多聞、大黒の二天ともに慈覚大師、此池を江州琵琶湖になぞらへ、新に中島を築立て、弁天の祠（やしろ）を建立せられしと云云

> 江戸名所記には、水谷伊勢守建立せらるるとあり。

とある。ここは上野の山を比叡山に擬したので、山内の寛永寺を東叡山とし、その西南の低地の池を琵琶湖に擬したのである。よって竹生島に擬して中島を造り、弁財天を勧請したのであるが、中島の北側に、さらに小島を築き、橋を渡して聖天を祠っていた。

聖天宮

上野不忍池中島弁財天社（『江戸名所図会』）

本社〈弁財天社〉の北の方、小島に勧請す。此島は其始弁天の祠ありし旧地なり。其頃もこの聖天ありしにや。今も地主の神と称せり。

とある。これによると、弁財天は初め聖天を祠ってあった小さい島であったのを、その南隣りに大きい島を作り弁財天を遷して立派なものとしたと思われる。現在は、聖天を祀った島も埋立で繋って一つの島となってしまい、聖天堂はいずれかに合祀されて大黒天が祀られ、中央に弁財天がある。同書の図に、

不忍池ハ江府(えど)第一の蓮池なり、夏月に至れバ荷葉累々として水上に蕃衍し、花ハ紅白色をまじへ芬々人を襲ふ。蓮を愛するの輩凌晨(しののめ)を殊更の清観とす。

とあって、未明から朝にかけて蓮の花が音を立てて開花するのを眺めに来る風流子が多かったが、それよりも島の回りに立ち並んだ出合茶屋で生ける弁財天を拝む客の方が多く、現代のラブ・ホテルのように利用されて弁天様の御利益に預かり、浮世絵・春本でもそのさまがずいぶん描かれている。

弁財天の脇侍として大黒天と多門天〈毘沙門天〉が祀られるのは、三面大黒を意味したものである。

▼谷中妙林寺田中弁財天〈台東区〉

台東区谷中三崎町あたりに、日登山妙林寺という寺があった。『江戸名所図会』によると

天文年間（一五三二〜一五五四）に開山され、はじめ日蓮宗であったが、正徳年間（一七一一〜一七一五）に天台宗に改められた寺としている。この妙林寺（俗に蛍沢という地域）に弁財天・不動明王・地蔵菩薩を祀った堂があり、これを俗に田中弁財天社といった。同書には、

　昔は田の畷道の草堂に安置ありしを弘安六年に内海何某始て此社を建立せしよし縁起にあり。

と記している。これによると日登山妙林寺より古く、鎌倉時代初め頃までは田の畷の所にあったのを、内海某が弘安年間（一二七八〜一二八七）に社殿を建てたという縁起があるから、妙林寺が建てられるときに地主神としてその土地を境内に含められたのであろう。

『分間江戸大絵図』（安政）および『実測東京全図』（明治）には、日登山妙林寺は記載されてないから、幕末までに廃寺になったのかも知れない。したがって田中弁財天社も不明である。

▼吉原弁財天〈台東区〉

台東区千東三丁目二〇ノ二（旧吉原遊廓の西南隣）にある吉原神社の御祭神は、現在では倉稲魂命と市杵嶋姫命であるが、浅草七福神巡りのコースとして弁財天信仰の対象となっている。

　吉原の地名の起こりは、江戸開府の頃に駿河国吉原の者二十余人が江戸の繁昌を見込んで

移り住み各所で遊女屋を開いたが、やがて幕府の許可を得て京橋具足町の東の湿地を埋め立て、角町、柳町、仲の町と唱えて遊女街を作った。その後の元和三年（一六一七）に、庄司甚右衛門が再び幕府の許しを得て、日本橋葺屋町の末に二丁四方の地を与えられて遊女を集めて吉原町とした。明暦三年（一六五五）江戸の大火の折に吉原町も焼亡したので、千束村に替地を与えられ、ここを新吉原といったが、一般では依然として吉原といった。

この地には土地神である玄徳（よしとく）稲荷があったが、遊廓の繁昌を希うために、廓の四隅に明石稲荷、榎本稲荷、九郎助稲荷、開運稲荷を作った。また新吉原遊廓を整地するために掘った地の跡を弁天池と名付け、傍に弁財天を祀った。その回りは田畠で字梅が枝耕地といった。明治五年（一八七二）に、右の五つの稲荷と弁財天を一か所に統合して吉原神社とし、祭神を倉稲魂命と市杵嶋姫命としたのである。稲荷神が倉稲魂命、弁財天が市杵嶋姫命に変ったわけであるが、旧来の観念で弁財天信仰の対象になっている。

この弁天池は明治以降、その回りを花園公園として憩いの場所としたので、池も花園池とも呼ばれたが、大正十二年（一九二三）の関東大震災のときに多くの遊女がこの池に入って死亡し、昭和二十年（一九四五）の東京大空襲で吉原遊廓が焼亡して以来、このあたりも荒廃した。昭和三十三年（一九五八）の売春防止法によって遊廓はなくなり、池も埋立てられ、この一画に吉原神社が再建されたが俗に吉原弁財天といわれている。

吉原神社が七福神巡りの折に押す朱印は、弁財天と書いた紙片を結び付けた琵琶の図であるから、これは妙音弁財天を意味する。稲荷神（倉稲魂命）が合祀してあるのであるから、宇賀弁財天（八臂で琵琶は持たない）でよいはずであるが、妙音弁財天であることを示しているのは、遊女が音曲をも演じ、また遊女を弁財天に見立てたところから二臂（琵琶を弾じる）の弁財天とし、琵琶の図をもって表徴としたのであろう。現在、歌舞音曲芸能にたずさわる人々の信仰が厚い。

▼水谷（朝日）弁財天〈台東区〉

台東区竜泉一丁目一五ノ九に朝日弁財天があり、水谷（みづのや）弁財天ともいう。水谷とは、水谷氏の祖が岩城国（福島県）水谷より出た家で、子孫は幕府に従って五万石を領したが、寛永の頃伊勢守勝隆がこの地に広大な下屋敷を構え、そこの池に弁財天を祀ったのが始まりである。『江戸名所図会』によると、勝隆は上野不忍池（しのばずのいけ）にも弁財天を祀ったと記されている。ゆえに下屋敷の弁財天は東に当るので朝日弁財天、不忍池は西に当るので夕日弁財天ともいわれた。この池は江戸時代の地図には載っていないが、それは屋敷内だからで、明治十九年の東京市中の地図には載っている。

水谷家は勝隆より三代で、嗣子が相続を済まさぬ内に没したのでその所領を没せられ、勝美の弟勝時が三千石を賜って存続した。後に屋敷の所有者は変ったが、明治以降狭められ人家が立ち並び、昭和になってこの弁財天の奉讃会に寄付され、曹洞宗の弁天院として現在に至っている。大正頃までは池畔に料亭があったりして風雅な所であったが、関東大震災後に池は埋立てられて人家が密集したので、現在の弁天堂前には形ばかりの池がある。

▼正宝院の弁財天〈台東区〉

台東区竜泉三丁目の龍光山三高寺正宝院は、現在では飛不動として有名であるが、『新編武蔵風土記稿』巻之十五によると、境内に弁財天社が祀られたことが記してある。

▼金杉弁財天〈台東区〉

台東区入谷一丁目二八の曹洞宗の台徳山正覚寺境内にも弁財天社がある由が、『新編武蔵風土記稿』巻之十五に記され、これは俗に金杉弁天といわれ、行基の作で三尺八寸の立像であるという。

ここら辺は関東大震災および東京大空襲で焼失し、これらの寺院は再建であるから、弁財天祠があるかどうか。

▼待乳山の弁財天〈台東区〉

台東区浅草七丁目四ノ一にある金龍山本龍院は、俗に待乳山聖天宮として有名である。『江戸名所図会』開陽之部巻之六には、

弁財天祠　山の麓、池の中にあり。平政子崇尊の霊像なりといへり。

とあり、待乳山前方に広い境内があって、その右脇に池が描かれている。現在は境内が狭められ四周道路となっており、池のあたりは埋め立てられ人家が櫛比しているから、弁財天はどこに祀られているのであろうか。

浅草名所七福神巡りでは、ここは毘沙門天が祀られていることになっている。

▼西福寺の弁財天〈台東区〉

台東区蔵前四丁目一六に東光山西福寺がある。鳥越神社より東北三丁ほどで、良雲院と号し本尊は阿弥陀如来、開山は江戸時代初期の真蓮社貞誉了伝上人で、境内に当寺の鎮守として江の島弁財天を勧請したという。『江戸名所図会』開陽之部巻之六によれば、弁財天は弘法大師の筆による画像で、第二世称誉上人が感徳あってここに祀ったとしている。

ここは関東大震災・東京大空襲に遭って度々焼けているから、その弁財天画像が果してあるかどうか。『江戸名所図会』には、本堂前の辻左側にかなり大きい堂として描かれているが、このあたりは人家が密集して境内も狭められているから、おそらく堂は失われたと思われる。

▼円光寺の弁財天〈台東区〉

台東区根岸三丁目の宝鏡山円光寺は釈迦如来を本尊とするが、江戸時代より境内の藤の花が著名で俗に藤寺といわれており、『江戸名所図会』開陽之部巻之六にも、

鎮守の弁財天は弘法大師の作なりといへり。

とあり、挿図には藤棚が池畔にあって、その池の向い側に藁葺屋根の弁財天堂が描かれている。岡山鳥編輯の『江戸名所花暦』にも円光寺の藤棚のことは描かれていて、江戸の風流人が藤の咲く頃訪れている由が記されているから、根岸の弁財天として聞こえていたらしい。

▼鏡が池の弁財天〈台東区〉

台東区橋場一丁目に、謡曲で名高い梅若丸の母妙亀尼を葬ったという妙亀塚があるが、その西南に当る近くに鏡が池があった。このことは『江戸爵（えどすずめ）』や『江戸名所図会』開陽之部巻之六にも記され、鏡が池は梅若丸死亡を知った妙亀尼が悲しんで身を投げた所と伝えられ、池の畔に鏡池庵と名付けた小庵があって弁財天を祀ったとしている。

このあたりは人家櫛比してそれらしいものは見当らないから、弁財天はどこかの寺に合祀されたかとも思われる。

▼慶養寺の弁財天〈台東区〉

台東区今戸一丁目の霊亀山慶養寺は、今戸橋を渡って北詰、待乳山聖天宮の裏に当る曹洞

宗の禅刹で、開山は明山良察和尚といわれる。

『江戸名所図会』開陽之部巻之六に、

　弁財天の社境内にあり。

とあり、鳥瞰図では本堂の左側に、かなり大きい建物の弁財天堂が建っている。

▼日本橋水天宮の弁才天〈中央区〉

中央区日本橋蛎殻町二丁目の水天宮の祭神は、天御中主神（あめのみなかぬしのかみ）・安徳天皇・建礼門院・二位尼で、文政元年（一八一八）、江戸三田の久留米藩主有馬侯の邸内社として久留米の水天宮を勧請したものを、明治五年に現在地に移した。水難・安産の守護神とされるので弁才天信仰に結びつき、日本橋方面の七福神詣でのコースに入っている。

▼小網神社の弁財天〈中央区〉

日本橋水天宮（昭和初期）

日本橋七福神巡りの中の神社で、中央区日本橋小網町二丁目に小網神社があり、ここは福禄寿と弁財天詣りの神社とされている。

▼瀧の川松橋弁財天〈北区〉

北区滝野川三丁目、紅葉橋の西南に瀧河山（りゅうがざん）金剛寺がある。これは東京『区分地図帖』によると紅葉寺となっているが、『江戸名所図会』によると、王子権現の西三四丁ばかりの所に瀧河山金剛寺があるから間違いあるまい。その境内に松橋弁財天社がある。

金剛寺は『新編武蔵風土記稿』巻之十八豊島郡之十に、

金剛寺　新義真言宗田端村與楽寺門徒、瀧河山松橋院と号す。本尊不動は坐像にて長一尺餘弘法大師の作といふ。縁起の略に、当所は弘法大師遊歴の古蹟にして、其頃手づから此像を彫刻ありて、仮に石上に安ず。今其石を不動影向石と称して境内に現存し、疾病のもの此石に水をそそきて其水を服すれば立所に平癒すと云。又治承年中右大将頼朝境内弁財天信仰の餘り堂舎建立、及び田園をも寄附ありしに、其後兵火に焼れ強盗に田園を掠め奪はれ、宗門たに定かならさりしを、天文の頃阿闍梨宥印と云僧之を歎き、北條氏康へ訴へ永く真言の道場に復すと云。

とあり、影向石、弁財天社、地蔵堂、本堂後の窟の中に大黒天、峡（瀧野川）下の洞穴に弁財天を安置してあると記す。弁財天社については、

弘法大師作　坐身長七寸の像、別に護摩の灰にて作れる像をも置り

また瀧野川に面した洞に祀る弁財天については、

峡下の洞中に安ず、長一尺の石像にして松橋弁天と号す。弘法大師の作、当時此地に松橋と云橋ありし故地名をおはせて唱といへり。

とあり、鳥瞰図にも小高き所に金剛寺、奥に弁財天社、瀧野川べりの崖下に松橋弁財天社の洞が描かれている。

『江戸名所図会』玉衡之部巻之五には、瀧河山金剛寺松橋院中興の祖は阿闍梨看印としている。寺の縁起はだいたい同じであるが、松橋弁財天社については、

本尊は弘法大師の作にして、即ち大師の勧請なり。此地は石神井河（石

瀧の川松橋弁才天（『新編武蔵風土記稿』）

神井川がこの地を流れて瀧の川というのは、急流があるからである）の流に臨み、自然の山水あり。両岸高く桜楓の二樹枝を交へ、春秋ともにながめあるの一勝地なり。源平盛衰記に、治承四年十月、頼朝卿、隅田河をうち渡り、武蔵国豊島の上瀧野河松橋といふ処に陣をとるとあるは、此地の事なり。頼朝奉納の太刀一振当社の宝物たり。

とあり、図には石神井川に沿って窟があり、その前に鳥居が建てられているのは窟内に弁財天を祀ってあるからである。『風土記稿』では、頼朝奉納の太刀は紛失していると記している。

要するに、縁起では弘法大師作の弁財天であり、また護摩の灰をもって作った弁財天像もあるとしているから、事実かどうかは別としても、相当に古い弁財天祠であることがわかる。丁度江の島の弁財天が窟が本宮であり、山上に建てた上ノ宮が弁財天祠であったように、窟に本尊を祀り、金剛寺境内に弁財天堂を祀ったのである。この弁財天はどこの弁財天を勧請したか不明であるが、この土地の地主神として祀られていたものを縁起を作ったものであろうから、武蔵国では最も古い弁財天に属するであろう。

▼安養院の弁財天〈板橋区〉

安養院は板橋区東新町二丁目三〇にある新義真言宗西新井総持寺末であり、武王山最明寺と称すと『新編武蔵風土記稿』にある。毘首羯摩が赤栴檀の木をもって釈迦像を作ったと伝えられているが、板橋方面の七福神巡りのコースになっているから、弁財天が祀られているのであろう。

▼板橋日曜寺の弁財天〈板橋区〉

『新編武蔵風土記稿』巻之十二下板橋宿の項に、真言律宗光明山愛染院日曜寺の寺宝として、

　弁天像一軀　白龍玉一顆宇賀神一体を厨子に納む、弁天は弘法大師の作、此像蒲生飛騨守氏卿が守本尊なりと云

　弁天画像一幅

とある。この日曜寺は浄土宗孤雲山慶学院乗蓮寺の傍であるから、現在の板橋区赤塚五丁目の附近であるはずであるが、見当らないから廃寺となったかも知れぬ。

▼東大久保の弁財天〈新宿区〉

『新編武蔵風土記稿』巻之十一豊島郡の部東大久保村の項に、天神社の末社に弁天を祀るとしている。この天神社は『江戸名所図会』天権之部巻之四の大窪天満宮のことで、棗(なつめ)の天神または西向天神といい、鳥瞰図によるとかなりの広い境内で奥深い。小川の土橋を渡って参道左側に池があり、橋を渡った中島に弁天祠がある。

また『新編武蔵風土記稿』同地に、

弁天社　童形の像なり、弘法大師の作、稲荷、淡嶋を相殿とす。当初は元禄の頃犬小屋を建てられし地にて、其頃よりの小社を後村民等願上て再建すと云。

とある。

▼芝増上寺境内芙蓉洲弁財天〈港区〉

港区芝公園増上寺一号地、増上寺本堂の西南にこの社がある。

『江戸名所図会』天枢の部巻一　芝増上寺宗廟の項の境内に、

弁財天祠　赤羽門のうち蓮池の中島にあり。本尊は智證大師の作なり。右大将頼朝卿、鎌倉の法華堂に安置ありしが、星霜を経てのち、観智国師感得ありて、当時宝庫に納めありしを、貞享二年生誉霊玄上人この所に一宇を建て、一山の鎮守とあがめられ、宝珠院別当たり。中島を芙蓉洲と号く。此所門より外は赤羽にして品川への街道なり。

とし、鳥瞰図では池の中の中島中央に建てられ、右後方に金毘羅、左手前に稲荷神がある。この中島を芙蓉洲と名付けたので芙蓉洲弁天社ともいい、池のほとりに茶店が列んでいた。

智證大師とは天台宗の開祖伝教大師最澄の弟子で、一に空海の姪の子とも伝えられ、円珍という。弘仁五年（八一四）に生まれ、寛平三年（八九一）に没した名僧で、仏画・仏像を多く制作したと伝えられるので、後世智證大師作ともいわれるものがすこぶる多い。

この弁財天も智證大師作と伝えられ、鎌倉御所の北にある源頼朝の菩提を葬らう法華堂にあったとするが、法華堂は鎌倉時代に焼失している。もっとも鎌倉には法華堂が数箇所あるから、どこの法華堂に祀られていたかわからないが、江戸時代初期に観智国師が感得してこの弁財天を手に入れ、増上寺の宝庫に納めていたのを、生誉霊玄上人が貞享二年（一六八五）にこの芙蓉洲にお堂を建て、その弁財天を祀ったというのである。

▼要島（羽田）弁財天〈大田区〉

大田区羽田六丁目、羽田空港に入る弁天橋手前の北側に当る弁財天祠である。この地は多摩川（六郷川）の川口に当り、洲が出来て島をなしたので要（かなめ）島とも呼ばれた。

芝増上寺境内芙蓉洲弁財天社（『江戸名所図会』）

『江戸名所図会』天璇之部巻之二に、

要島弁財天社　羽田村の南の洲崎にあり。故に羽田弁財天とも称せり。此羽田の浦を扇が浜と号る故、此地を要島とよべり。別当は真言宗にして、金生山龍王密院と号す。本尊弁財天女の像は、相州江島本宮巌弁財天と同体にして、弘法大師の作なりといへり。此霊像昔江戸有馬侯藤原純政の家に伝へて尊信ありしに、当社海誉法印の時、霊夢に感ずる所あるを以て、宝永八年辛卯四月、此本尊を此地に遷し奉るとなり。品川大龍寺開山香国禅師、延徳三年に誌す所の社記と有馬家の縁起異同少からず。又当社に如意宝珠一顆を安置せり。天然のものにして、其質金銀銅鉄の類にはあらずといへり。相伝ふ。武州日原山は弘法大師開創の地なり。山中に大日の霊水と称するあり。水中一顆の宝珠を存す。然に往古此宝珠玉川の流れにしたがひ、羽田の辺に止る。水中昼夜霊光を現す。依て土人あやしんで網を下し、是を得て後社を建てて崇敬す。当社是なりと云云　略縁起には康治二年の春、当社の南の大河に網引して、一顆の宝珠を得たり。故に玉川と名づけ、玉川弁財天女と称し奉るといふ。此地往古より社殿を経営するといへども屢〻風波の災にかゝりて、永く保つ事あたわざりしが、別当海誉阿闍梨法華経全部の文字を一字一石に書写し、此海底に沈めて島を築き、宝殿を建立す。その感応やありけん。夫より己降（このかた）青松鬱蒼として繁茂し、庭上苔むし竟（つひ）に風波の難を免るる事を得たりとなん。

とある。東に東京湾を背にして弁財天堂は建てられていた。この洲崎島は、海浜が扇形でちょうど要に当る地形から要島と称したが、現在はその面影はまったくない。当時は、ここから房総が望まれ、また横浜から横須賀にかけて三浦半島が続き、西に富士の霊峰が見えて絶景の地であったために、市民の行楽の土地でもあった。

弁財天の御神体は江の島の巌窟本宮の弁財天と同体で、弘法大師の作と伝えられていたという。この社には如意宝珠といわれる不思議な宝物もあり、これは武蔵国日原山という弘法大師開創の地の大日の霊水の中にあった珠で、これが多摩川の流れに動かされ、とうとうこの要島についたのを、漁師が網で拾い上げてこの弁財天社に納めたものであるとしている。弁財天は如意宝珠を持つからそれに因んで奉納されたものであろうが、質は

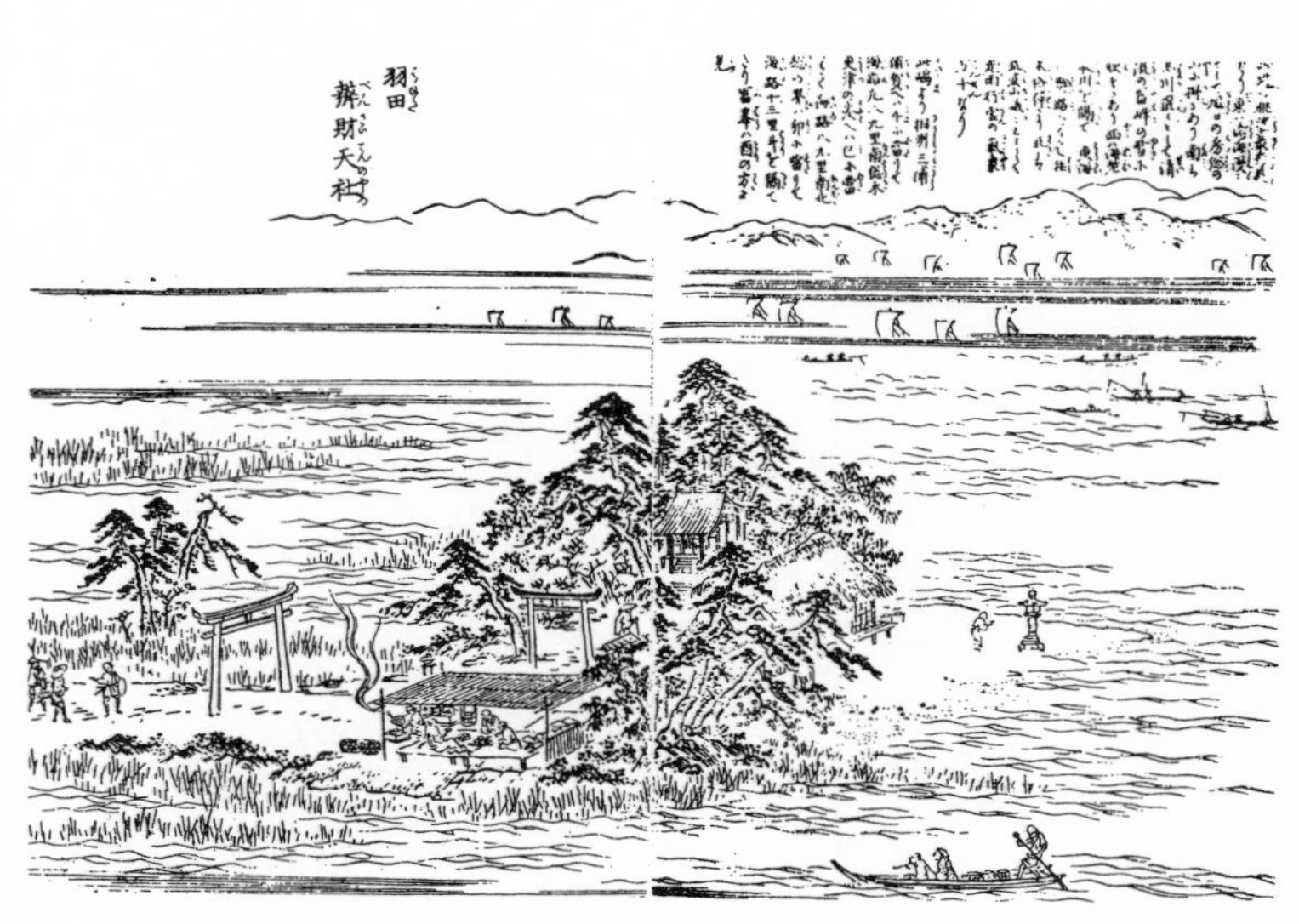

羽田弁財天社（『江戸名所図会』）

何であるかわからないところに神秘性がある。

ここは戦災に遭っているから、弘法大師作と称する弁才天像もこの如意宝珠もどうなったか不明である。

江の島の窟（本宮）弁財天というのは、江戸時代に本宮に祀られたもので、現在八臂と裸弁財天が岩本楼所有として伝わっているが、八臂の弁財天が弘法大師作と伝えられるもので、これと同作として伝わったのであろう。

弁財天像はいずこも弘法大師か伝教大師、あるいは慈覚大師作との伝承があるが、いくら万能の大師達でも弁財天の彫刻ばかりして歩いたことになり、それぞれ仏師並の作域であるのはおかしい。

これは真言系にしろ天台系にしろ、仏像を有難いものと思わせるために大師作の名を用いたものである。

この弁財天は、『東海道名所図会』羽田の項にも記され、玉川弁天ともいわれている。

▼蟠龍寺の弁財天〈目黒区〉

目黒区下目黒三丁目の霊雲山蟠龍寺は、吟蓮社龍誉一雨霊雲和尚が開山の寺で、本尊は慈覚大師作の阿弥陀如来とされ、本堂後ろの山崖の下の岩窟に弘法大師作と伝えられる弁財天を安置してある。この寺は安養院ともいう。

▼三宝寺池の弁財天〈練馬区〉

練馬区石神井台一丁目の三宝寺池の中島に、弁財天が祀られている。

『新編武蔵風土記稿』巻之十三豊島郡之五の氷川社の項に、末社として天神・弁天・天王・第六天・稲荷とし、

弁天社　三宝寺池の中島にあり

と記され、『江戸名所図会』天権之部巻之四には、

三宝寺池　回帯(めぐること)凡そ五百三十余歩、中に小嶋あり。則ち池霊弁財天の祠を建つ。此池水冬温に、夏冷なり。洪水に溢れず、旱魃に涸ず。湯々汗々として数十村の耕田を浸漑し、下流は板橋王子の辺を廻り、荒川に落合へり。古老云く、此池数魚の中、鳥井の印文あるものあり。古来これを猟りて祟を受くるといへり。

と記している。高橋源一郎著の『武蔵野歴史地理』第二篇東京北郊北豊島郡地方には、

池の中にあるお宮の一つは弁天様で、昔は之を信仰して江戸や近村の者が参詣し、巳待には殊に賑つたということである（武蔵野話）又江戸にはこの講中があつて其ものどもが此の池に船を泛べて遊んだと遊歴雑記に記してある。今一つのお宮は水神様である。

と記してあるが、現在小さい祠が建っている。この池は現在石神井池と繋がっており、石神井川の水源で、これが瀧野川から王子を経て荒川（隅田川）に放流される。昔はこの川が灌漑用水として利用されていたから、水神様が祀られるのも当然であり、中島に弁財天が土地

の主護神として祀られるのも当然である。

ここの地名の石神井とは、三宝寺池より掘出した石剣があり、これを上石神井村に社を建てて祠ったのに由来するとも、この村の井戸から発掘されて石神として祀ったからとも伝えられている。現在、石神井神社の御神体として男根状の石棒が祀られている。

▼関町の弁財天社〈練馬区〉

『新編武蔵風土記稿』巻之十三豊島郡之五の関村の項に、

弁天社　当村多年水災に困(くるし)めり、近き頃御勘定武島菅右衛門巡見の頃深く是を憐み、己が尊崇せし弁天の木像を与えけるにより、かの溜井の側に安置し水難を祈りければ、其擁護にやよりけん、今は其患にかゝること稀なり。

と記されている。関村は現在の練馬区関町であり、弁天社は見当らぬが、『風土記稿』に記される「かの溜井」とあるのは、関町北三丁目武蔵関公園内の富士見池の中島あたりにあったものではなかろうか。

▼善福寺池の弁財天〈杉並区〉

杉並区善福寺三丁目の善福寺池の畔に、弁財天の小祠がある。

昔は池のまわりは杉林や雑木林が鬱蒼と茂り、葦蘆繁茂して神秘的閑寂さが漂って、淀んだ水は空の色を映していたが、今は池の四辺にまで人家が立ち並び、昔の面影はまったく失われてしまった。さらに池は整備されて畔が明確になったが、それだけに弁財天祠が小さく見える。善福寺公園として憩いの場となったので、人の訪れることも多くなり弁財天としても著名である。この池は善福寺川の水源で、上荻窪から和田・雑色を経て神田川に流れ入るので、昔は灌漑用として貴重な水源であった。

善福寺の地名は、往古この地に善福寺・万福寺という二大寺院があったと伝えられ、それによって名付けられたのである。

▼上馬の田中弁財天〈世田谷区〉

世田谷区上馬五丁目三五番地に当る駒留八幡神社境内に、田中弁財天社はある。

『江戸名所図会』天璣之部巻之三に、若宮八幡宮（駒留八幡宮）を記してその境内に、

田中弁財天祠　同じ社地にあり、常盤御前此地に崇むると云ふ。一説に常盤御前没するの後、弁天に崇むるといへり。神体は坐像にして一尺五寸斗あり。龕（ずし）の背面に左の如く記してあり。

天文四壬未年七月

田中弁天之施主　常盤御前御法号也

按ずるに上馬牽沢村は、香林寺といふ洞家の禅刹あり。其寺に常盤御前の霊牌墳墓あり。

過去帳に香林寺殿海岸宝樹大姉天文四年未七月七日とあり。香林寺は即ち常盤御前の開創なり。ここに常盤御前と称するは吉良家の令室なり。

とある。この田中弁財天は、吉良家の夫人常盤御前が祀ったのが始まりとも、吉良家夫人を弁財天に擬して祀ったともいわれ、一尺五寸の弁財天像の龕の背に天文四年（一五三五）の年紀が入っているというから、あるいはその頃の創建であろうか。

▼井の頭弁財天〈三鷹市〉

三鷹市井の頭四丁目二六番地にあり、池を北面に見た大盛寺という寺であるが、元は井の頭池の中島にあった。

『江戸名所図会』天権の部巻之四に、

井頭弁財天宮　牟礼村にあり。井頭の池霊にして中島に宮居す。別当は天台宗にして大盛寺と号す。相伝ふ、建久八年、鎌倉右府将軍頼朝卿創建し給ふと。正慶年間、新田義貞鎌倉と対陣の時、当社に軍勝利を祈念し、北條家を滅ぼされたりとなり。本尊天女の霊像は、伝教大師作なり。寛永十三年丙子社殿御建立あり。

とし、鳥瞰図では池の中島に橋で通し、拝殿・本殿ある立派な建物である。

高橋源一郎著『武蔵野歴史地理』第三冊、井之頭辯天の項を次に掲げる。

池の出島に辯財天の堂がある。是は天慶年中に六孫王経基が、賊平将門を亡すべき霊夢を感じたる處、其霊像は延暦八年傳教大師の作で、建久八年源頼朝が戦勝祈願の為堂宇の改造をしたなどいへど、元より俗説である。大正地震前の社殿は家光将軍の時代寛永十三年に代官伊奈氏が建てたのだと伝へる。武江年表にも「寛永十三年井頭辯天建立」と記してある。別當大盛寺は直くこの南小丘の上牟禮地内にある。開山は辯泉といふ人だと傳へる。天台宗、神代村深大寺の深大寺末である。用静山と號する。徳川時代には此辯天を江戸に持出して開帳をしたことが屢ある。明治二年四月寺は火災にあひ焼失したが、辯天堂は無事であった。しかし大正十二年の地震には辯天堂が崩壊した。続いて今の辯天堂が建てられた。今も寺に寛永二年家光遊猟の際、辯天社邊の五倍子の樹の皮に、刀の小柄を以て「井之頭」と刻したといふものが、寺寶となつて残つている。果して然りとすれば、家光将軍もなかなかの悪戯坊である。この家光に真似たわけであろう。今でも辯天社邊の樹木の皮には刀を以て刻んだ痕が頗る多く残つて居る。又大盛寺門前には太田道灌名惜みの櫻といふ老樹が一株ある。昔から有名であった。今は此あたり茶店が甚だ多くある。牟禮村近邊の百姓は旱天で陸稲などの枯死せんとする際には、この辯天の水をもらひ受け、樽の中に入れ樽神輿を作つて村内を練つてあるく。

辯天堂邊の舊況

辯天堂を守れる菴室は西側の崖下にあり。此菴室に憩ひ、例のたゝみ昆炉を組立、池水を汲て一煎し、段々此土地の様子など聞て休息せり。此菴室の西後は松山の高さ二三丈、

井の頭の弁財天堂（大盛寺）

大盛寺門前の宇賀神

古松枝を交えて繁茂する事数百本、定て秋は菌など出やせんと問ば、老父答て、此山魔所と云にはあらねど、御留山なれば、無差（ムザ）と這入なぐさむ者なし。我此奄室へ引移りし當分は夜な〳〵此の松山に夥しき音して大木の折倒れしかと思ふ事度々あり。又震動夥しく菴室の戸障子まで一同にがた〳〵と音し、或は家を推ころがし中天へ引上振まはし、地上へドンと投落しなどする事ありしが、唯心を鎮めて臥所に屈み居るに、頓て別條なく、翌朝見るに更に替る事なし、是天狗の所為たり。近頃は居名染（いなじみ）たれば左様の儀なし、と物語りき。遊歴雑記

▼深大寺亀島弁財天〈調布市〉

調戸市深大寺元町五丁目、浮岳山深大寺昌楽院の門前の池の中島にある。『江戸名所図会』天璣之部巻三

に、

亀島弁財天祠

門前（深大寺門前のこと）左の方の池の中島にあり、縁起に所謂福満童子を背負てわたせし霊亀をして、後に満功上人弁天に崇められたりといふ。

とあり、もう一つの中島には毘沙門天と大黒天を合殿にした社もある。

毘沙門天吉祥天社

昔は各別社にてありしを、後弁天の相殿に合祭すといふ。福満童子は毘沙門天の化身、吉祥天は縁起に出る所の童女をあがめ祭る所なりといへり。

とあり、この深大寺の縁起によって弁財天を祀るようになったのであるが、弁財天を勧請したり弁財天が示現したわけではない。

縁起によると、聖武天皇の頃、武蔵国多摩郡柏野村に右近という猟師がいたが、あるやんごとない身分の女性である虎女が妻となってより殺生を止め、一人の娘をもうけた。娘が長じて福満という童子と馴れ染めたので、両親は怒って娘をこの里の池の中島に家を建てて住まわした。福満は深く歎き、深砂大王に祈念すると霊亀が浮び上ったので、それに乗って中島の娘に逢うことができた。父母はこれを知って、福満には仏神が付いているに違いないと感じて二人を夫婦とした。やがて二人は男子をもうけたが、この子が長じて出家して満功上人となり、唐土に渡って大乗法相の旨を伝えて帰朝し、天平五年（七三三）癸酉に深沙大王の社を建立し、深大寺を創建した。そして玉川に霊木流れ来ったので薬師仏三体を彫刻し、一体を寺に納めたことが天聴に達し、勅願所となり浮岳山深大寺の扁額を賜わったという。ゆえに満功上人は、父の福満童子を背負って池の中島に運んだ霊亀を弁財天と信じて、この中島に弁財天祠を建てて祀ったというのであるが、弁財天信仰の中で亀が現われるのは珍しい伝承である。現在祠には弁財天像がないから本堂に移したものであろうか。

高橋源一郎著『武蔵野歴史地理』第四冊には、寺院深大寺の項に、

昔は庫裏、本堂、大師堂、天満宮、白山権現祠、大黒天祠、深沙大王祠、吉祥天女祠、福満童子祠、八幡宮、八剣大権現祠、東照宮などがあり、又弁財天社もあつた。維新（明治維新、この頃に神仏分離令が出た）以来是等の堂宇は若干整理廃合せられたけれども最近は本堂も改築せられ、寺観は旧に増して甚だ立派となつた。此処は水が極めて豊富で、門前には小池もあり、清水混々として常に流れている……

とあり、この小池が中島に弁才天を祀る池であるが、昔よりは狭まったのではあるまいか。

▼玉泉寺の弁財天〈青梅市〉

青梅市長淵三丁目の金剛山玉泉寺に弁財天が祀られ、多摩七福神巡りのコースに入っている。玉泉寺は臨済宗鎌倉建長寺末で、頼謚国一禅師が鎌倉時代に開いたとされ、天正十六年（一五八八）に北条氏がこの寺の鐘を戦陣に用いたという証状や、古写本の大般若経があるの

で著名である。

▼了法寺の弁財天〈八王子市〉

八王子市日吉町二ノ一、甲州街道を右に入った突き当りの了法寺に弁財天が祀られている。了法寺は日蓮宗、京都本国寺の末寺で、開山は延徳元年（一四八九）に啓運院日澄であるといわれ、もとは了法寺谷という所にあったという。

▼貴志島弁財天〈あきる野市〉

あきる野市網代（旧増田村）に、貴志嶋弁天社がある。『武蔵野歴史地理』第六冊増戸村の項に、

城山（網代城山の東の網代弁天山のこと）下方の弁天社を貴志島弁天といひ、昔は貴志氏の建立だとも伝へて居つた。（中略）又足利尊氏の建立とも伝へる。天正十九年十一月に徳川氏より御朱印寺領五石を賜つた。社殿は大きくもなく立派でもなけれど、その南方十数間を離れて一大老樫の木の側に一岩窟があり、其中に弁財天女、毘沙門、大黒等を祀つてあるのを以て有名である。故に昔より窟屋（いわや）弁天とも呼んで居つた。昔は社殿の側に鐘楼があり、古鐘を掛けてあつたが、乱世の時八王子大法寺に持つて行き改鋳せられたと伝へる。近世は延宝七年鋳造の鐘を懸けて置いたが、明治維新の際是も撤廃せられた。

とある。弁天社境内の岩窟に毘沙門天・大黒天とともに弁財天が祀られていたとすれば、三面大黒信仰の系統であり、この地を領した貴志氏が厚く信仰したもので、この弁天社の旧別当は山の北麓にある禅宗臨済派小和田広徳寺末の妙台寺で、貴志氏の菩提寺である。

かつては御朱印寺領五石を受けていたというから、こうした鄙地でも聞こえた弁財天であったのであろう。貴志氏は室町時代末期には小田原北条氏に仕え、貴志豊後守と称し、この地網代に城を構えていたといわれるが、弁財天を祀った由来については不明である。

関　東

▼野火止平林寺の弁財天〈埼玉県〉

新座市野火止の平林寺の北方一〇〇メートルほどの所に池があり、その中島に弁財天が祀られている。

『江戸名所図会』天権之部巻之四、金鳳山平林禅寺の項に、

弁財天宮　同じ道（平林寺境内西北の通路桜車道のこと）の北にあり、方二百歩あまりの池の中嶋に安置す。天女の霊像は弘法大師の作にして、霊験いちじるしと云ふ。

とあり、戴渓堂に行く右側の池に橋がかかって中島に弁財天堂がある。

平林寺は妙心寺派の禅林で、開山は石室善玖大和尚。足立郡岩附（槻）にあったのを寛文

三年（一六六三）、この地に移したという。

弁財天は、いつ誰が勧請したか不明である。

▼無量寺の裸形弁才天〈埼玉県〉

裸形の弁才天の項で説いたが、飯能市小岩井にある無量寺の裸形弁才天は有名である。

この裸形弁才天像は、この土地出身の盲人木村検校が江の島の裸形弁才天を深く信仰し、琵琶の勾当になったときに、その報恩として津田丹治に裸形弁才天を彫らせて無量寺に奉納したものである。

胎内に法華経とともに、「宝暦十年九月二八巳日津田丹治藤原勝重」の銘が納められていて、製作年代のよくわかる像である（裸形弁才天の項、また二七頁の図を参照）。

▼惣円寺の弁財天〈埼玉県〉

秩父市東町一七ノ一九、秩父神社の傍にあり、光台山惣円寺に八臂の宇賀弁財天が祀られている。本尊は阿弥陀如来であり、守護神として弁財天が祀られていたが、秩父の大火で焼失した。しかし住職の夢に弁財天が現われたので、その御姿をもとに造像されたのがいまの弁財天像であるといわれている。

▼市川市行徳の弁財天〈千葉県〉

『江戸名所図会』揺光之部巻之七、行徳の項に、

弁財天祠　同所四五丁下の方、湊村にあり。昔は潮除堤の松林の下にありしとなり。其旧地を弁天山と号して石の小祠あり。今は円明院に移す。正徳年間、江戸青山梅窓院の順誉唯然和尚、此神の霊示により、享保三年戊戌、宮居を建立ありしといふ。祭る所は芸州厳島の御神と同じく、市杵島姫神にして、海神村の阿諏訪神は男神、当神は女神と称す。神田あり。弁天免といふ。

とある。このあたりは江戸川の河口右側に当り、江戸時代までは漁業と宿場で賑った所で、当時は海に近かったので、海上神として市杵島姫命が祀られていたのが弁財天の呼称に変ったのであろう。円明院という寺は見当らぬが、本行徳の西隣湊町に円明寺という寺があり、それに当るのであろうが、弁財天祠があるかどうかは不明である。

浦安市に入るが、ここより東南の江戸川河口近くに現在弁財天社がある。

▼成田山新勝寺の弁才天〈千葉県〉

成田市の成田山新勝寺山内の西隅に在る池中の小島に、弁才天堂がある。一間四方内外朱塗宝形造の堂で、勧請は不明であるが、現在の堂は元禄年間といわれている。

▼宝蔵寺の弁財天〈神奈川県〉

川崎市中原区上小田中一丁目の真言宗智山派の宝蔵寺には、川崎七福神巡りのコースとして弁財天が祀られている。

▼洲乾弁財天〈神奈川県〉

横浜市中区羽衣町二丁目にある、現在厳島神社と呼ばれる社である。

『江戸名所図会』天璇之部巻之二の横浜村の項に、

洲乾（しゅうかん）弁財天祠　芒新田横浜村にあり。故に土人横浜弁天とも称せり。別当は真言宗にして同所増徳院奉祀す。祭礼は十一月十六日なり。安置する所の弁財天の像は弘法大師の作にして、江の島と同木也。此地は洲崎にして、左右共に海に臨み、海岸の松風は波涛に響をかはす、尤も佳景の地なり。海中姥島など称する奇巌ありて、眺望はなはだ秀美なり。

とある。

平凡社の『神奈川県の地名』によると、

吉田新田の北一ツ目　現国鉄根岸線関内駅の西、国道一六号の南の裏通りにある。祭神市杵島姫命・多紀理姫命・多岐津姫命

横浜村の鎮守。もと弁天社と称し、横浜村の洲乾島とよばれる出洲（現在弁天通六丁

目・本町六丁目）にあった。　縁起によれば、当時の神体は伊豆国土肥郷椙山（現足柄下郡湯河原町）にあったものを、治承年間（一一七七～八一）に源頼朝が宿願成就の報賽のために洲乾島に新殿を造営して祀ったところから杉山弁財天とも称され、また境内の清水がわき出る七池から清水弁天ともよばれ、さらに関東管領足利氏満が紺紙金泥の般若心経を奉納し、太田道灌が社殿を再建したともいう。

慶安二年（一六四九）の徳川家光朱印状写（横浜市稿）に「久良岐郡横浜村弁財天社領同村之内六石一斗余之事」とみえる。田園簿に「秀閑寺領」として六石一斗五合とあり、秀閑寺は当社の別当寺で、その後廃絶したといわれる。慶安年間には増徳院（現南区）が別当寺になっている。元禄年中（一六八八～一七〇四）増徳院境内に仮殿を造営し、これを上之宮杉山弁天、本社を下之宮清水弁天と称した。『江戸名所図会』にも紹介され、祭礼は一一月十六日。万延元年（一八六〇）六月二日の横浜開港一周年記念日に神奈川奉行の命によって大祭を行い、以後この日を例祭日に改めた。明治初年の神仏分離により厳島神社と改称。増徳院は別当をやめ仏体を同院に付属したという（横浜沿革誌）。明治二年（一八六九）横浜町の街区拡張のため移転を命ぜられ現在地に移転、翌三年新殿を造立した。同三二年の大火、大正十二年（一九二三）の関東大震災、第二次世界大戦で罹災して再建された。氏子は関内・羽衣町・蓬萊町・末広町一円に拡がる。

とある。

これによると、洲乾弁財天社は、横浜村といった一漁村の頃は海岸に突き出た洲（今の弁天通六丁目と本町六丁目）にあって、長いこと弁財天信仰の対象となっていたことがわかる。源頼朝が土肥椙山の弁財天を勧請したのが始まりであると伝えるから、始めから宗像三女神ではなく、おそらく江の島の弁財天（仏教系の）と同じく本当の弁財天を頼朝は信仰したのであろうし、頼朝は弁財天を好んだらしいからその因縁の弁財天社は多い。

明治に入って、御本尊は増徳院に納められたので、現在の中区元町に弁天堂として祠られた（増徳院は関東大震災で焼失し、現在は平楽にある）。

宗像三神が祭神になったのは、明治の神仏分離令によって弁財天を市杵島姫命に当てたためで、厳島神社の祭神に倣ったので社名も厳島神社と改まったのである。ゆえに往昔の御本尊を祀る旧増徳寺境内に残る弁天堂が、本来の洲乾弁財天である。

▼磯子の弁財天〈神奈川県〉

横浜市磯子区磯子四丁目三ノ六の高野山真言宗金蔵院には、弁財天が祀られている。

▼瀬戸明神船寄弁財天〈神奈川県〉

横浜市金沢区瀬戸の瀬戸神社境内にある琵琶島神社に祀られた弁財天で、「船寄弁財天」ともいう。『和漢三才図会』相模国部に、

瀬戸明神　在二街道之北一
祭神　鳥居扁額曰、正一位大山積神宮（裏に延慶辛亥四月十六日沙弥寂尹）門ノ左右ニ有二看督長像一（安阿弥ノ神主作）
千葉氏　三島明神ヲ勧二請于此一（新編鎌倉志）弁才天社在二瀬戸明神ノ海島一
　平政子勧二請江州竹生島ノ神一

とある。『東海道名所図会』巻六にも瀬戸明神の項で、

瀬戸浦にあり、海中へ築出したる島に鎮座す。頼朝卿の御台政子前、江洲竹生島弁天をこゝに勧請せられし也。此地の風色斜ならず四時の興あり。『福石』弁天祠へ行(ゆく)橋の東にあり。金沢四石の其一なり。

とし、また『江戸名所図会』天璇之部巻之二に、

瀬戸弁財天　同社（瀬戸明神社）前の道を隔てて、南の入海へ築山したる小島にあり。昔頼朝卿の御台所平の政子御前、江州竹生島の御神を、勧請せられけるとあり、島の中混柏を多く植たり。今は枯て其形甚奇なり。同橋の下に福石と唱ふるものあり。金沢四石と称するものの一にして、土人の諺にこの石の前にて、ものを拾ひ得る事あれば、必ず有福の身となると云伝ふ。

と記してある。瀬戸明神は大山祇命・須佐之男命・菅原道真ほか十一社をまつり、古くより正一位大山積宮・瀬戸三島社・三島大明神といい、僧侶は三島廟、瀬戸行宮などと称した。鎌倉時代頃から士庶の尊信厚く、明治三年（一八七〇）に社領上知、十一年に三分村内の東

瀬戸弁財天（『江戸名所図会』）

照宮を合祀、四二年には熊野社、稲荷社、伊勢山太神宮、日光社、諏訪社、山王社、浅間社、白山社などを合祀している。

現在は瀬戸神社という。その境内の瀬戸弁天を琵琶島神社というのは、平政子が琵琶湖の竹生島の弁財天を勧請したゆえで、島の形も琵琶に似ている。

『江戸名所図会』によると、弁財天堂にさらに覆堂がかけられている。

▼鶴岡八幡宮境内の弁才天〈神奈川県〉

『新編鎌倉志』巻之一、鶴岡八幡宮の項に、

弁才天社

社前の池中東の方にあり。二間に一間の社なり、弁才天の像は、運慶が作なり。膝に琵琶を横たへたり。俗に伝ふ小松大臣の持たる琵琶なりと。

とある。『鎌倉攬勝考』にも同様の記事があり、琵琶については、

其謂れ定かならず。此祠は養和元年、大鳥居のこなた琵琶橋辺に坐しを爰に移されしものなり。

とあるから、八幡宮創建時かそれ以前からあった弁才天祠であろう。現在社前の源氏池の中島には旗上弁天社があり、これに祀られていたのが現在伝わっている裸弁才天であろうが、伝運慶作ではなく、文永三年（一二六六）に神楽博士中原朝臣光氏が奉納したものであるこ

とが、右脚裏の銘によって知られる（第一章「日本の裸形の弁才天」の項、また二三頁の図を参照）。

▼鎌倉海蔵寺の弁才天〈神奈川県〉

扇が谷の扇谷山海蔵寺（臨済宗）の方丈の西方の岩窟に、弁才天が祀られていた。『新編相模国風土記稿』村里部　鎌倉郡巻之二十一、および『新編鎌倉志』巻之四、『鎌倉攬勝考』巻之六の海蔵寺の項に、次のようにある。

　弁天祠　方丈の西のかたに窟あり、雨宝殿と号す。境内鎮守なり。

▼銭洗弁財天〈神奈川県〉

『新編鎌倉志』巻之五の佐介谷の項に、隠里（かくれざと）の条（くだり）があり、

　隠里　稲荷の近所にある大巌窟を云ふなり。
　銭洗水　隠里の巌窟の中にあり。福神銭を洗と云ふ。鎌倉五水の一也。

とある。『鎌倉掩勝考』巻之一にも、

　銭洗水　佐介谷の西の方にあり。土人いふ。むかし福人此清水にて銭を洗ひしといふ。妄誕の説なり。按ずるに此辺に大ひなる岩窟有を、土人隠れ里といふ。されば上世此所にて銅気ある岩を堀て、此水にて洗ひ試し事もや有し、其ふることを誤り伝えしならん。

とし、隠里の項にも、

佐介谷稲荷より北寄なる山際に大いなる洞窟有て、其中の広さ四間余にて、人も栖むべき程の窟内ゆへに、隠里とは名付しものなり。此中より湧出す清水を銭洗ひ水といふ。此水は当所五水の其中なり。

とある。明治三十年（一八九七）八月二十五日発行の『風俗画報』臨時増刊「鎌倉江の島名所図会」の佐助谷の項にも、

隠れ里は谷の奥右手の路窮る所に在る大岩窟なり。中に銭洗水あり。福神銭を洗ひ給ふとの俗説を伝ふ。鎌倉五水の一なり。

などとあって、弁財天を祀ったということは少しも記されていない。福神が銭を洗ったとするその神も定かでない。

しかし、もう一つの伝承としては、源頼朝が天災で苦しんでいる庶民を哀れんで神仏に加護を祈願したところ、巳年巳月巳の日に宇賀神が夢枕に立って、この隠れ里の湧水の功徳あることを説いたので、それを信じたところ静謐の世となったので、ここに宇賀神を祀ったとされ、また北条時頼がこの祠に参詣して、この湧水で銭を洗って福銭にしたことから、銭洗い水の名を生じたともいわれている。しかし、天下の武士団を掌握する鎌倉幕府の執権たる北条時頼が、何で銭を洗って福銭とし福富を希うか、あまりにも迷信深い商人的で不自然な作り話である。

もし銭を洗って福を希うとしたら、その土地の庶民の行うことで、土地神たる宇賀神に

願ったであろうから、おそらく古くは宇賀神の小祠か石祠があったと推定されるが、明治三十年頃の記述に祠のことも記されていないから、あったとしても目立たぬほどのものであったろう。それが現在では宇賀弁財天堂が建てられ、多くの信者が遠方から訪れるようになったのは、宇賀神に弁財天が習合して社が建立されてからと思われる。

現在では、銭洗宇賀福神社と称していることからも、古くは宇賀神の小祠であったことがわかる。そして社殿ができてからは扇が谷の八坂神社の境外末社であったが、昭和四十五年（一九七〇）に独立した神社となり、弁財天を祀る社として俗称銭洗弁天として聞こえるようになった。崖をくり抜いた洞を抜けると、隠れ里の名に相応しい洞窟があり、その中に宇賀弁財天は祀られ、左側の洞窟には鎌倉五水に数えられる湧泉があり、ここで持参の銭貨を洗うように笊や柄杓が用意されている。

この社の裏山から鎌倉時代末期に当る板碑や五輪塔類が発掘されているから、ここら辺は多くの墳墓のあった土地であろう。

▼鎌倉建長寺杉谷弁才天〈神奈川県〉

鎌倉巨福山建長寺境内に杉谷弁天社がある。これは当山の鎮守として祀られたものであるから、地主神としての宇賀神が弁才天と習合したものであろう。塔頭玉雲庵の管理である。

長谷観音境内池畔の
八臂の宇賀弁才天二つ

▼荏柄天神境外の弁才天〈神奈川県〉

鎌倉市二階堂の荏柄天神社の境外社であるという。この弁才天はもと頼朝の邸内にあったものを、御所が若宮大路に移転したときにここに移し、荏柄天神社の末社としたという。

▼長谷寺の弁財天〈神奈川県〉

鎌倉市長谷の長谷寺の海光山慈照院は、九・一八メートルの十一面観音立像で有名であるが、境内の本堂に行く石段の下に放生池という池があり、弁天窟があり清水が湧出し、岩の上に小さな弁財天像がある。ここは銭洗弁天と同じく銭を洗うと財産が増えるとされて、竹笊が石の上に置かれてあり、また傍に弁財天堂もある。

八万堂の八臂の弁才天

▼八万堂の弁財天〈神奈川県〉

鎌倉市雪の下一丁目、若宮大路八幡宮前の八万堂古美術店の店の中央に、等身大の八臂の宇賀弁財天が祀られている。

江戸時代頃の作で、元はどこの弁財天堂に祀られていたか不明であるが、先代の頃より店頭に飾られていたもので、若宮大路の名物となっている。

▼江の島弁才天〈神奈川県〉

この弁才天については、第一章「日本の裸形の弁才天」、第二章「江島神社と弁才天」の項を参照のこと。

ここでは、「裸弁天のお守り」について付記しておく。「お守り」は、長さ四センチ、直径一・五センチの透明プラスチックの瓶に納められた、一・五センチほどの裸形弁財天が巌上で琵琶を弾いてる像で、背後の金紙には財宝招福の文字、裏には妙音弁財天御守、江島神社の文字の中央に神璽の朱印がある。上部蓋に紐が付けられ、ペンダントあるいは財布につけられるようになっている。すこぶる小型の裸像であるが、比較的品よく作られているお守りである。

▼浄見寺の弁才天〈神奈川県〉

茅ヶ崎市浄見寺にある弁才天像は、鋳銅製小像で数少ないうえに、六臂であるのも日本では例が少ない。丈は十一センチ、膝奥行五・二センチで、背に光背受けの绢が鋳付けられている。頭は人頭蛇身を象るから宇賀弁才天で、室町時代頃の作といわれる。大きさからみて、厨子に納められていたものであろう。蓮葉座に坐し、その下の座には五か所に宝珠が置かれている。

▼阿弥陀寺の弁財天〈神奈川県〉

箱根町塔之沢の浄土宗阿育王山放光明律院阿弥陀寺は、慶長の頃、木食僧弾誓が塔の峯山中の岩窟に籠って念仏修行をし、小田原藩主大久保忠隣より二四町余の境内地寄進を受けて開山した寺で、本尊は阿弥陀三尊。『新編相模国風土記稿』巻之三十、足柄下郡巻之九塔の沢の項に阿弥陀寺の寺宝として、

弁天像一軀　弘法大師護摩の灰にて作ると云。

とある。弘法大師が護摩の灰で作ったとされる弁財天像は、他にもある。

茅ヶ崎市浄見寺の銅造弁才天坐像　正面（上）側面（下右）背面（下左）
（神奈川県立博物館『神奈川の金銅仏』より）

▼正眼寺（しょうがんじ）の弁財天〈神奈川県〉

『新編相模国風土記稿』の箱根湯本の項に、

弁天社　正眼寺持

とある。正眼寺は臨済宗大徳寺派でもと大本山と称したが、後に放光山と改めた。本尊は薬師如来、開基は鎌倉時代に遡るらしいが、中興は江戸深川の材木問屋冬木屋初代の上田直次の妻しなであるから、冬木弁財天信仰によってこの地にも弁財天社を建てたものであろう。

正眼寺は明治元年（一八六八）の戊辰戦争で焼失し仮本堂であったが、昭和七年（一九三二）に再建された。したがって弁財天社が現在あるかどうか不明。

▼芦の湯の弁財天〈神奈川県〉

箱根町芦の湯に箱根権現の末社熊野堂があり、その境内に東光庵薬師堂がある。これは『新編相模国風土記稿』によると、

熊野社　證誠殿の額をかく、不動・弁天を相殿とす。

とある。これが阿字が池弁財天であろう。

今、試みに『新編相模国風土記稿』によって、神奈川県下に散在したと思われる弁才（財）天祠を拾ってみると、以下の通りである（既述の弁才天祠はのぞく）。

〈足柄上郡〉

・弁才天社　三島社（大井宮）境内池中
・弁才天　鬼柳村白山神社に神明と合祀
・弁才天社　山田村了善寺境内
・弁天社　大井庄井ノ口村簑笠明神社境内
・弁才天社　篠窪村の根渡・三島・八幡合祀社の境内
・弁才天社　松田庶子村宝寿院境内の穴中の祠
・弁才天社　川村山北盛翁寺境内
・弁才天社　三廻部村孫仏山観音院境内
・弁才天社　苅野庄狩野村白山社境内
・弁才天　同村観池山弁才寺（浄土宗）
・弁才天　曽我里瑞雲寺内の保命権現社の道了権現の脇侍として庚申とともに祀る。

〈足柄下郡〉

・弁才天祠　早川庄小田原城内三の丸西方沼池　北条氏綱の勧請により城内の鎮守として祀ったもの。
・弁才天社　小田原宮前町松原明神社（日本武尊を祀る）境内

・弁才天祠　小田原代官町不老山寿松院無量寺（浄土宗）境内（八臂長五寸、毘首羯磨作と伝えられる弁天像がある）
・弁才天社　小田原代官町蓋子山福田寺（時宗）境内
・白龍弁才天　小田原田島　大磯丘稜の南西端の弁天山に祀られている。昭和八年（一九三三）、その参道開発工事中に横穴がいくつか発掘され、弁天山横穴古墳群として一躍有名になった。
・弁才天社　湯本村白山社境内
・弁才天社　箱根三社権現の末社（堂が島にあり、方三尺五寸の堂に長さ五寸五分、弘法大師作と伝える弁天像がある）
・弁才天社　蘆野湯養食山常泉寺境内
・弁才天社　久野村阿育王山総世寺（曹洞宗）境内
・弁才天社　多古村天桂山玉宝寺（曹洞宗）境内
・弁才天　成田庄中村原村万年山広済寺（曹洞宗）（蛇形の石）
・弁才天社　沼代村若一王子社境内（御神体は蛇骨）

〈淘綾郡〉

・弁才天社　二宮庄二宮村天寧山龍沢寺（曹洞宗）境内
・弁才天社　二宮村花月院知足寺（浄土宗）境内

・弁才天社　生沢村浅間社内
・弁才天　大磯宿宮羅山延台寺の虎池
・弁才天社　万田村愛宕社境内（小名小向久保の傍の池にあり）
・弁才天社　出縄村粟津明神社境内の傍の池

〈大住郡〉
・弁才天社　八幡村称名山快楽院長善寺（浄土宗）境内
・弁才天　田村南向山円光院　背中に手形あり、その内に「天長七年七月七日　於江島
　弁才天法秘密護摩一万座奉修行　以其灰此形像作者也　空海」とある。
・弁才天　下島村正定山小松院霊山寺境内
・弁才天社　須賀村三島社境内
・弁才天　上糟屋村子易明神社境内
・弁才天社　上糟屋村福地山宝泉寺（臨済宗）境内
・弁才天　下落合村八幡宮境内
・弁才天　小稲葉村八幡宮境内
・浮島弁才天社　小鍋島村八幡宮境内
・弁才天　小鍋島村興淵寺境内に神明・白山と合祠。
・弁才天社　城所村貴船神社境内

・弁才天社　下平間村小名水草の池中島
・弁才天社　平塚宿医王山東福寺宝積院境内
・弁才天社　松延村第六天社境内
・弁才天社　下吉沢村八剣神社境内
・弁才天社　土屋村和光山医王院芳盛寺境内　社辺の岩屋に蛇形の御神体
・弁才天社　大山雨降山内
・弁才天社　波多野庄落合村八幡宮境内

〈愛甲郡〉

・弁才天社　毛利庄厚木村船喜田明神社境内
・清水弁天社　妻田村亀山往生院西願寺（浄土宗）
・弁才天社　上依智村赤城神社境内
・弁才天社　角田村八幡社境内
・弁才天社　角田村の末社牛頭天王社境内

〈高座郡〉

・弁才天社　大庭庄大庭村蟠龍山宗賢院（曹洞宗）境内
・弁才天社　渋谷庄中河内村
・弁才天社　早川村五社明神境内

・弁才天社　座間宿村鈴鹿明神社境内
・弁才天社　座間入谷村座間山心巌寺境内
・弁才天社　磯部村磯平山能徳寺境内
・弁才天社　栗原村絹張明神社境内
・弁才天社　下鶴間村子の権現社境内
・弁才天社　淵野辺村鹿島神社境内
・弁才天社　淵野辺村浄源山龍像寺（曹洞宗）境内
・弁才天社　上矢部村御嶽神社境内
・啓運弁才天　当麻村無量光寺の寺宝　座長五寸許、腹籠に同像五寸許の像あり是長阿弥君御守本尊という。

この中には他の神と合祀されたものもあろうし、またその土地が近代化のために弁才天祀としての存在を失ったものもあろう。そして市町村合併によって村の名、大字名が失われて、現在該当させるのに困難のものもある。筆者一人の力では、そのすべてを調査しきれるものではない。

以下述べる各地の弁才天についても、主なものだけであることを、お断りしておく。

中部

▼伊豆網代の弁財天〈静岡県〉

熱海市網代に厳島神社がある。宝暦七年（一七五七）のこの土地の神社一覧によれば、

弁財天　壱社　山伏明覚院抱

社内御除地反別貳拾七歩

とあり、古くは厳姫宮（市杵島姫命）といっていたが、貞享の頃（一六八四～八七）から弁財天といわれていた。明治二年（一八六九）に厳島神社と改称したのは、市杵島姫命が祭神だからで、現在は相殿に事代主命が祀られているが、いまだに弁天様といわれている。創立年代は不詳。土地の古記録に修験蓮華院周達所の護摩堂にあったものといわれるが、明治二年十月十六日の夜火災に罹り焼失したので、由緒等不明になったという。

▼伊豆松月院の弁才天〈静岡県〉

伊豆半島の伊東市湯川三七七、桃源山松月院境内の池の所に弁才天堂がある。この寺は寿永二年（一一八三四）に銀秀和尚によって開かれ、永く真言宗であったが、江戸時代の寛文六年（一六六六）に洪水に遭って流失して衰微した。宝永三年（一七〇六）、鶴峰亀丹が現在の山

上に移し再興したものである。弁才天像は、貞享二年（一六八五）に天神畠という所から発掘されたといわれる鋳銅製である。なぜ埋められていたかはわからないが、福運を授ける功徳あることで有名である。男女でお詣りすると、嫉妬して意地悪をするという俗信がある。

松月院

▼伊豆長楽寺の弁財天と「おすみ弁天」〈静岡県〉

下田市三丁目一三ノ一九にある大浦山長楽寺は高野山真言宗に属するが、本尊は薬師如来で、本堂の右脇に八臂の大就弁財尊天の小像が、御厨子に納められ厚い信仰を受けている。八臂でも宇賀弁財天ではなく、『金光明最勝王経』に説く弁財天の尊像である。大浦山と称するのは、もと下田大浦に開山されたからである。弘治元年（一五五五）に尊宥和尚によって現在地に移されたから、相当の古刹である。

この寺を有名にしたのは、安政元年（一八五四）に日露和親条約がここで調印され、また翌二年には日米条約批准書交換が行われるなど、日本開港史の舞台となったことからである。最近とみに有名になったのは、宝物館に納められている「おすみ弁天」という倚像の裸形弁財天のためである。それと、下田の歴史に欠かせない唐人お吉こと斎藤きちの裸形木彫像が飾られ、これを「お吉弁天」という人もある。

おすみ弁天の由来は、伊勢国の御用船が江戸に向う途中、大浦の船改番所の検問を受けたところ、同乗していた船頭の新妻おすみの手形が無いので奉行所で手続をとっていたところ、おすみの乗っていた船は神子元島付近で暴風雨に遭って海の藻屑となってしまった。これに同情した下田の人々が、それらの人々の霊を慰め、おすみは特に琵琶に堪能であったというので、おすみ弁天として祀ったというのである。

この裸像は日展の無鑑査堤達男氏が製作したもので、全身に厚く胡粉が塗られている。昭和四十九年の伊豆半島沖地震の折に倒れて、右腕や脚に損傷を生じているが、顔は若妻らしい生々しさを漂わせている（二九頁の図を参照）。

▼伊豆下田の柿崎弁才天〈静岡県〉

柿崎弁天島は、下田市の柿崎海岸にある白い凝灰岩でできた陸係島で、弁才天を祀るのでその名がある。創建は不明であるが、漁業に従事する者に信仰厚かった。下田湾は避難港でもあり、伊豆七島に渡るコースでもあり賑わっていたが、嘉永七年（一八五四）にアメリカと通商条約を結んだ所としても有名であり、また吉田松陰と金子重輔が米艦ポウハタン号に乗って密航しようとして、この柿崎弁天島に隠れていたことでも有名である。

▼伊豆弁財天の縁起銭

伊豆地方は温泉が多く、開放された気分の湯治客や観光客が多く、また性的行事や性神信仰があるので、性的なことを意味する土産物も多い。

その中に、伊豆弁財天開運通宝という古銭を象ったメダルがある。中央に空・風・火・水・地をあらわした五輪を配して、下に小孔あり、これを囲むように川の流れを示すうねりと称するが、明らかに女陰を象ったものである。裏には伊豆弁財天と陽刻してあるが、どこに祀られた弁財天であるか不明である。いくつかの型によって鋳造されたらしく、何種類かある。これを縁起銭として財布に入れておくと、銭貨が増えるという。

柿崎弁天島の弁才天祠

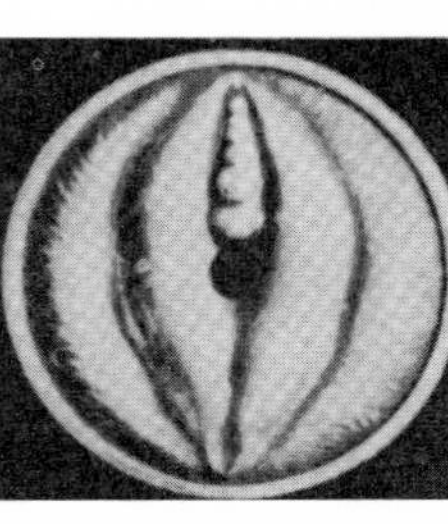

弁才天の縁起銭

▼富士山弁才天〈静岡県〉

富士宮市の浅間神社の弁才天は、日本六弁天の一つであり、詳細は第二章の「富士山弁才天」の項を参照のこと。

▼青龍山長楽寺の弁才天〈静岡県〉

藤枝市の青龍山長楽寺には弁才天堂が二つある。ここの長者である粉川長楽斎の娘賀姫(いわい)が、近くの青池の大蛇に魅せられて池に入水してしまったという、類型的伝説である。怒った長者は、近村から薪を買い占めてたくさんの石を焼いて池に投じた。そのために池は沸騰して、大蛇はついに死亡した。

しかし、その行為の空しさを感じた長楽斎は邸を寺とし、娘と大蛇の菩提を葬うために二つの弁才天を祀ったという。寺の境内の橋を渡った所にある弁才天堂は賀姫、青池のほとりにある弁才天堂は大蛇を祀ったものといわれる由が、寺の縁起にある。

普通、弁才天は土地の守護神または鎮守、そして、人口多い所では、学問・芸能・至福の願いのための弁才天信仰であるが、中部地方では女性の冥福を祈るために弁才天に擬して祀ることが多く、またそうした話には蛇にまつわる因縁が多い。

長楽寺の賀姫を祀る弁才天堂（右）と
青池の畔にある大蛇を祀る弁才天堂（左）

▼豊川三明寺の「馬方弁財天」〈愛知県〉

豊川市豊川町波通三七の龍雲山三明寺は、往昔国司大江定基が愛妾の死をいたんで建てた寺と伝えられ、江戸時代には寺領二〇石の朱印を受けていた大寺で、本堂には立派な弁財天堂が納っている。

この弁財天は「馬方弁財天」といって、現在でも競馬の騎手や曲馬師など馬に関係ある人々に信仰され、次のような伝説がある。

追分節の上手な馬方が、月明の夜に歌を唄って豊川堤にさしかかると、その美声に感じて弁財天が現われて財布を与えた。その財布はいくら遣っても金が決して減らなかったが、これを他言してはならないという約束を破って他人に喋ったために、その財布からはもう金が出なくなってしまったという。それ

三明寺本堂の弁才天の厨子（左）と弁才天のお札（右）

より三明寺の弁財天は、馬方弁天と呼ばれるようになったという。妙音弁財天は美音の仏神であるとのことから、こうした伝説が生じたものであろう。

▼城宝寺の弁財天〈愛知県〉

田原市田原町の城宝寺に、弁財天が祀られている。

▼長沢寺の弁才天〈愛知県〉

田原市長沢町の長沢寺には、厨子に納められた二臂の弁才天が祀られているが、琵琶を持たず鍵と宝珠を持っている。伝承では、昔この村の石本の六造という者が、近くの豊島池に棲む大蛇を殺したので、その祟りが娘のくすに及んで狂い出し、豊島池に身を投げて死亡した。そこで大蛇と娘の

長沢寺の弁才天像

菩提を葬らうために、この弁才天像を造って納めたものであるという。

▼弁天寺の弁財天〈愛知県〉

名古屋市港区多加良浦町四丁目に弁天寺があり、そこに弁財天が祀られている。

▼桃厳寺の「眠り弁天」〈愛知県〉

名古屋市千種区四谷通りの桃厳寺（曹洞宗）の弁才天は「眠り弁天」といわれ、裸体の恍惚とした表情で目を細めている倚像で、これは明らかに衣裳を着用せず、裸体をもって性的方面の願望を祈る対象に造像されたものと思われ、現代の作で琵琶を弾じるポーズではない（二九頁の図参照）。

▼野尻湖の弁才天〈長野県〉

上水内郡信濃町の野尻湖は芙蓉湖ともいわれ、風光明媚の国定公園として指定されている。野尻寄りに琵琶島という小島があって宇賀神が祀られ、天平二年（七三〇）に行基が創建したといわれる。『信濃奇勝録』によると、行基は弁才天と十五童子像を刻んで祀ったが、戦

野尻湖の弁才天

国の世の戦乱でいつしか失われたのを、天保五年（一八三四）より約百年位前（享保頃か）に弁才天像と十五童子のうち三体だけが掘り出され、再び祀ったと伝えている。ここは、上杉家の名将宇佐美定行の物語でも有名である。

現在、宇賀御魂神を祀ってあるところからすると、かつての弁才天は宇賀弁才天であったのであろう。

近畿

▼近松寺「投げ出し弁天」〈滋賀県〉

慈賀県大津市の長等山園城寺は三井寺として有名であるが、境内の観音堂の左手の山間にある近松寺は、近松門左ヱ門が少年の頃に小坊主をしていたということでも知られている。この寺には八臂の弁才天像が祀られているが、結跏趺坐像にしては右足が左足の太腿に乗っている像ではなく、右足が曲げた左足の前に来ていて、あたかも足を投げ出したように見えるので、俗に「投げ出し弁天」と呼ばれている。ゆえに次のごとき付会した伝説を生じている。この寺の名僧といわれた安然和尚が弁才天を拝んでいると、弁才天が「わが足を甜めろ」と突出したので、安然和尚が叱り付けると、弁才天の足はその形のまま動かなくなってしまったのが、現在の坐像の姿であるという。

▼竹生島弁才天〈滋賀県〉

日本三弁天の一つであり、詳細は第二章の「竹生島神社と弁才天」の項を参照のこと。

▼比叡山無動寺明王堂の弁才天

▼比叡山延暦寺根本中堂傍の弁才天〈滋賀県〉

『京都名勝誌』延暦寺の項に、

「弁天社」は明王堂の南西三町にあり、社傍の霊石は弁才天の使なる白蛇の出現せし処と伝ふ。

とあり、ここは白蛇の出現を見て弁才天を祀ったらしい。

近松寺（上）と「投げ出し弁天」（下）

▼繁昌社弁才天〈京都府〉

『和漢三才図会』山城之部の京都に、

繁昌社　在二高辻室町西入町一（本名婆利才女社、弁天ノ別号、訛テ称繁昌社）

祭神　弁才天

とある。一般に繁昌社という。

▼六波羅蜜寺の弁才天〈京都府〉

京都市東山区松原通大和大路東入ル二丁目の補陀洛山六波羅蜜寺は、村上天皇の天暦五年（九五一）に空也上人の開基の寺で、江戸時代には寺領七十石を受けるほどで、現在は新義真言宗智山派に属している。本尊は十一面観世音菩薩を祀るが、京都市の七福神巡りには弁才天を拝むコースに入っている。

▼神泉苑中島の弁才天〈京都府〉

『京都名勝誌』に、「御池通大宮西の神泉苑の池の中島に龍王祠あって善女龍王をまつり、傍に弁才天を祀る」とある。善女龍王を弁才天と関係深いものとして祀ったのであろう。

▼東北院の弁才天〈京都府〉

『雍州府志』巻四、寺院門上（愛宕郡）に、

東北院　在二極楽院北一桓武天皇遷都日使下二伝教一王城鬼門造中寺院上号二東北院一勧二請安芸国厳島弁才天一　坂上田村麻呂主二経営之事一　爾後法性寺関白忠通公甚尊二崇之一　庭隅有二和泉式部塔幷軒端梅一　天台宗僧守レ之

とある。

なお、『雍州府志』によれば、京都には次のような弁才天社が散見される。

弁財天社　在二油小路近衛通北一近衛通今出水通也。相伝勧二請箕尾弁財天一希也（巻二、神社門上、愛宕郡）

弁才天社　在二同処一（同所とは市原のこと）（巻二、神社門上、愛宕郡）

弁才天社　在二陵東陵道山明王寺中一斯社前在二清泉一雖二災旱霖雨一無二増減一云（巻二、神社門下、宇治郡）

弁才天社　在₂滑谷峠₁相伝嵯峨天皇時栗栖野有₂権藤太者₁甚崇₂斯社₁遂家門富有子孫繁栄辱叙爵而勤₂禁門之守護₁賜₂折入菱之幕紋₁今山科土豪干田氏其裔也（巻三、神社門下、宇治郡）

弁才天社　在₂井手里東山橘諸兄公宅地内₁（巻三、神社門下、宇治郡）

弁才天社　在₂木津川之東平尾村₁弘法大師之開基而号₂王台寺₁真言宗僧守ㇾ之（巻三、神社門下、宇治郡）

▼神明宮の弁才天〈大阪府〉

『和漢三才図会』摂津国部に、

神明宮　在₂大融寺之巽二町許₁　祭神　天照皇太神　幷弁才天女　是亦旧為₂大融寺ノ鎮守₁云云　今　各別

とあり、ここは天照大神と弁才天女とが一緒に合祠されていた珍しい例である。

▼生玉社池の弁才天〈大阪府〉

『和漢三才図会』摂津国の項「生玉社」に、

在₂大坂町家ノ巽₁　寺社領₂三百石　祭神一座　天ノ生玉ノ神延喜式神名帳生国玉ノ社ト云云天孫瓊瓊杵尊降臨ノ時陪従三十二神ノ其一也或為₂活王₁　神武天皇到₂難波ノ碕₁日祠₂此神₁今之城近処也　其地総名₂生

玉庄（大坂モ亦東之分ハ生玉ノ庄内也）　係二織田信長ノ兵火一社宇皆回禄ス　天正十二年秀吉公築レ城時遷二今ノ地一（慶長年中造二営之一）　伽藍楼門巍巍タリ　貞観元年正月二十七日叙二神位従五位下一　慶長之兵火ニ焼失後寺社繞レ立宝永年中別当法印真賢再興

北向八幡宮　在二南ノ蓮池一

弁才天　在二北ノ蓮池ノ島一

と、ここにも池の島に弁才天社がある。

▼今池弁才天〈大阪府〉

『堺鑑』上、神廟の項に今池弁才天として、次の記事がある。

禅通寺ト云寺ヨリ支配ス　尊体ハ大和国志貴ノ麓教興寺ノ弁才天ト同作　聖徳太子彫刻ナリ。昔日不意ノ災ニ罹テ烏有トナラセ玉ヒシニ此池ノ水底ヨリ御手ヲ拾出奉寛永年中ニ再興シテ今京仏師ノ新作也。即今池ト云フ所ノ北側ニ仮ノ宮構アリ。往古ヨリ毎年正月七日ニ禅通寺ヨリ御本体ヲ供奉シ奉テ寺僧祭礼ノ儀式ヲ調諸人参詣群集ス。其晩ニ及デ御本体ヲ禅通寺へ還入シ奉。古昔ハ此所禅通寺ノ領内タリシ時此今池ノ水ヲ近辺ノ田地へ水分セシ故田夫其時ヨリ崇敬セシ由来ヲ以テ延宝八年庚申正月ニ新田ヲ造奉トカヤ

▼天神宮境内の弁才天社〈大阪府〉

『堺鑑』上、神廟の項に、天神宮の説明あり、

　北荘摂州朴津郷常楽寺ノ鎮守聖廟ノ御神容は菅承相

として、諸伽藍本社末社由来目録の中に、

　弁才天一社

とある。

▼法案寺の弁財天〈大阪府〉

大阪市南区島の内二丁目にある法案寺には、弁財天が祀られている。

▼月峯山大覚寺の弁才天〈兵庫県〉

『和漢三才図会』摂津国川辺郡の部に、次の記述がある。

　月峯山大覚寺　在二尼崎一

相伝フ聖徳太子與二日羅一同到二能勢郡ノ月峯一有二霊瑞一因テ自刻二千手観音ノ像一二軀一其一ヲ置建レ寺是也（日羅松伝見二肥後一）　一ハ置二於此一建レ寺是也　鎮守　弁才天　貴布祢

▼武庫山の弁才天〈兵庫県〉

神戸市の北の摩尼山本名武庫山に、如意尼の開基した寺があることが『和漢三才図会』に記されている。ここは如意輪観音を本尊とするが、なお、弁才天が、

示二現西北ノ大石ノ上一日我住シテ二此山一為二一切貧乏ノ衆生一施二財宝一

とあるから、当然弁才天信仰もあったし、伝承では浦島太郎の玉手箱まで秘蔵されていると記されているから、海にも縁のある寺であるが、山号だけで寺名が記されていないので現在何という寺か不明である。

▼元興寺の弁才天〈奈良県〉

元興寺は奈良市中院町にある古刹で、推古天皇の四年（五九六）に蘇我馬子が飛鳥の地に創建し、飛鳥寺ともいわれ、また法興寺とも称したが、都が奈良に遷ったときに現在の地に移されたという。仏教伝来以来最も古い寺である。南都七大寺の一に数えられ、法相宗南寺伝として多くの学僧を輩出したが、火災に遭ってからは衰微した。そして極楽坊という僧坊の一部が独立して現在の元興寺と称し、念仏を唱える浄土宗になって庶民的寺となった。

平安時代初期に当る木造薬師如来立像や智光曼荼羅図などがあり著名であるが、ここには渓流の上の巌上に座す八臂の弁才天像があり、その麗容はすこぶる格調が高い。

元興寺の八臂の弁才天坐像
（東京美術『目で見る仏像』天より）

▼興福寺境内の窪弁財天〈奈良県〉

『和州旧跡幽考』巻三添上郡の項に、奈良市興福寺境内に祀られている弁財天に関して、次のように記されている。

窪弁財天

窪弁財天は弘仁年中に弘法大師天川の弁財天に参籠して南円堂建立をいのり給ひしかば生身の宇賀弁財天現じ給ふを勧請し給ふ宮なり。此時南都に七弁財天を勧請せられそのやしろも所々につたへてあり。勧請の時の供物に餅飯をと丶のへて七ケ日法施にたてまつりしより、もちゐ殿の町とぞなづける（餅飯殿町縁起）

此ほとりに吒天の宮ねふりの明神などといふやしろあり三重の塔又般若波羅蜜の五字を表示せる石五川聖天宮

窪弁財天については、『和漢三才図会』大

和国部に、興福寺境内に祀られていることが記され、「窪辨才天　弘仁年中弘法大師勧二請之一」とある。

▼寿福寺の弁才天〈奈良県〉

奈良市の寿福寺には、宇賀弁才天と十五童子画像が祀られている。背後は瑞雲たなびく霊山で、弁才天は峨々たる山上の蓮葉座に坐した八臂で、右手に宝棒・鍵・矢・剣、左手に三叉戟・輪宝・弓・宝珠を持ち、頭上の宝冠には人首蛇身がとぐろ巻いた尊容である。手前に十五童子を配し、下方は車と牛馬、水辺には米俵を積んだ舟が繋がれている図である。

▼伝香寺の弁才天〈奈良県〉

奈良市伝香寺に、弁才天が祀られている。八臂の宇賀弁才天で、右手に宝棒・鍵・矢・剣、左手に三叉戟・輪宝・弓・宝珠を持つ坐像で、頭上の宝冠には宇賀神と鳥居が置かれ、豊満艶麗な尊容を示している。光背の光輪も入念で三弁宝珠が三か所につけられ、宇賀弁才天としては典型的尊像である（三六頁の図参照）。

▼春日大社若宮境内の弁才天〈奈良県〉

奈良春日大社の中の若宮の境内に弁才天社があることが、『和漢三才図会』に載っている。

▼徳融寺の弁才天

奈良市徳融寺も弁才天を祀るが、脇侍として十五童子と大黒天・毘沙門天を祀っている。弁才天は八臂で右手に鍵・宝棒・矢・剣、左手に三叉戟・輪宝・宝珠・弓を持ち、宝冠には宇賀神と鳥居をつけ、光背には三か所に宝珠をつけてある坐像で、その前に船車童子の牽く牛馬と宝を載せた車が配されている、典型的宇賀弁才天坐像である。

▼長谷寺能満院の弁才天〈奈良県〉

長谷寺は、桜井市初瀬町の初瀬山中腹にある真言宗豊山派の総本山で、豊山神楽院という。古くは泊瀬寺・初瀬寺とも書いて、「はつせでら」「はせでら」といったのが長谷寺に変ったのである。天武天皇の朱鳥一年（六八六）に、天皇の勅願で弘福寺（ぐふくじ）の道明上人がここに釈迦堂と三重塔を建て、銅板に法華説相図を鋳造して三重塔に納めたのが始まりである。後に聖武天皇の神亀四年（七二七）に、勅願によって徳道上人が伽藍を建立し、楠の霊木を彫って十一面観音像を本尊とした。

以降、観音の霊場として貴庶の信仰を集めたが、天文五年（一五三六）火災に遭い一時衰

徳融寺の宇賀弁才天坐像
（東京美術『目で見る仏像』天より）

微した。この寺は初めは法相宗で興福寺の末寺であったが、天正十五年（一五八七）に根来山の学頭専誉が、この国の領主であった豊臣秀長の願いを入れて多くの門下僧を連れて長谷寺に住するようになって、新義真言宗の根本道場となり、江戸時代初期までに諸堂が建ち増え、中期頃より諸宗の学僧も多く集まった。

明治末に大講堂焼失したが、後にこれも再建され、現在も多くの塔頭がある。能満院は境内の奥にあり、本尊は地蔵菩薩であるが弁才天信仰もあるので、室町時代頃に描かれたとされる、八臂の弁才天と十五童子と眷属を描いた絹本着色の画像（縦一〇六センチに横四〇・四センチ）がある。

頭上に諸菩薩と輪宝の宝冠をつけ、左右の第一手は剣と宝珠、右の三手には鍵と矢と棒、左の三手には三叉戟と輪宝と弓を持ち、岩上に座している。その前には十五童子と、神道の神七神が捧げ物を持ち、女神一と、下方に狐に乗った女神が頭にとぐろ巻いた白蛇をつけて弁才天と同じ服装しているのは稲荷神か荼吉尼天である。弁才天の尊容は温顔にして格調あって、近世の弁才天木彫像より麗容である。

ここには、前にも述べた芝琳賢（興福寺大乗院吐田座絵仏師琳賢房有清）の天川曼荼羅図がある。天川弁才天と十五童子を描いたものであるが、前記の弁才天の麗容とまったく異なっていて、弁才天の御顔が三つの蛇頭となっており、眷属に多くの蛇神が脇侍しており、天川

能満寺の弁才天画像

が弥山を中心とした秘境で蛇が多いために、蛇神信仰が濃厚に盛られていることがわかる（五三頁の図参照）。

▼宝山寺の弁才天〈奈良県〉

生駒山の近く般若窟の傍に、生駒山宝山寺がある。『和漢三才図会』によると、役の行者小角が修行中に歓喜天が示現したので都史陀山大聖無動寺と称したが、後に宝山寺と改めたという。本尊は不動明王であるが、境内に当山の鎮守として弁才天社が建っていると書かれている。役の行者の修行したと伝えられる所には弁才天も多く伝えられるし、弁才天が往々にして土地の鎮守神とされるのは、稲荷神と同じく土地に関係深く、豊穣により福徳を司る仏神だからである。

▼天川旧白飯寺の弁才天〈奈良県〉

奥吉野の天川の白飯寺に祀る弁才天で、現在は天河大弁財天社となっている。『和州旧跡幽考』巻十一吉野郡の項に、

天川白飯寺

琵琶山白飯寺は役行者大峯の道をひらきなんとて先此山にして霊験をいのり給ひしに山に冷水湧ながれ神霊円光をかがやかす廟には琵琶の響ありて人心の迷雲を払ひしより琵

琶山と号せり。其後弘法大師の千日のをこなひには弁才天女現じ給ひしかば、その尊像をきざみ神雲をおさめられき今の本尊是なり。弘法大師伽藍造営より凡八百歳霊験日々に威をまし、利益夜々に徳をぞあらはしける（勧進帳）
△好色の先達業平朝臣芳野の川上の石窟天川といふなる所にて入定ありと縁起に見え侍るよし河海抄にあり。廟といふは入定の池にや

とあり、だいたい『和漢三才図会』も同様の記述である。詳細は、第二章の「天河大弁財天社」の項を参照。

東北

▼岩崎の弁才天〈青森県〉

『和漢三才図会』日本奥州の部によると、

弁才天　在二岩崎一　真言　社領十石

とあるから、弁才天社であろうが、かなりの寺であったと思われる。西津軽郡深浦町岩崎であろう。

▼中尊寺の弁財天〈岩手県〉

『和漢三才図会』は、平泉中尊寺の奥の院、光堂より約二里（約八キロ）のところに弁才天堂があったことを記して、

相伝日　昔有二悪鬼一名日二大竹丸一土人為レ之見レ悩　慈覚大師会来修レ法鬼魔寛イニ降伏　無二敢害一建レ堂作二八十八軀ノ毘沙門像一安二置之一前ニ有二蓮池一弁才天其霊現殊ニ勝焉　毎参籠ノ人不レ絶

とある。その蓮池の所に弁才天を祀ったとあるのは、現在の中尊寺防火水道貯水池あたりであろうか。

現在、金色堂前の三重の池跡地に弁天池があり、その中島に茅葺の弁財天堂があり、正徳六年（一七一六）建立の棟札があり、仙台伊達藩主綱村の内室大御前が寄付したものと伝えられている。別当は山内一の古院である大長寿院西谷坊である。

また、毛越寺裏には弁天池があり中島が設けられているが、ここにも弁財天堂があり、今はその建物跡をとどめている。

▼金華山の弁才天〈宮城県〉

日本五弁天の一つであり、詳細は第二章の「金華山と弁才天」の項を参照されたい。

弁天の名の付く地名

各地には、弁天と名の付く地名が多くあるが、それは弁才（財）天がかつて祀られていたか、現に祀られていることに因むものであろう。以下、めぼしい地名を列挙してみる。

弁天沼　北海道苫小牧市勇払と浜厚真の中間にある沼
弁天島　北海道根室市西方の沖合にある小島
弁天島　青森県下北郡の大間崎の北方の海上の小島
弁天崎　岩手県下閉伊郡羅賀の東方、三陸海岸の岬で燈台のある所
弁天岬　新潟県佐渡島の東海岸の月布施と赤玉の間の岬
弁天温泉　栃木県日光国立公園の中の茶臼岳一九一七メートルの東南の谷にある温泉
弁天島　静岡県浜名郡浜名湖の雄踏町西の島（現在は浜松市西区舞阪町弁天島）
弁天島　愛知県西尾市三河湾の佐久島の南にある小島
弁天島　三重県度会郡南伊勢町、桃取水道の中の答志島の西の小島
弁財天山　鹿児島県いちき串木町市、川内平野の南の五一九メートルの山

このほかにも、地図を探せば弁天の名の付く地名はまだあると思われる。

東に多い弁才天信仰―まとめ―

以上、関東・中部・近畿・東北と中国地方においては厳島神社（第二章）の弁才天信仰のあらましを述べたが、このほかに書き洩らした弁才天社がたくさんあることは当然である。しかし不思議なことには、中国・四国・九州には著名な弁才天社はなく、また乏しい資料であるが古書および現代資料の大略を瞥見したところでは、西方における弁才天信仰は東より少ないのではないかと思われる。これは著者の調べ方が悪かったということも考えられるが、弁才天信仰は近畿を含めて東方に多く、特に人口が多いせいか東京都に数多く見られる。

弁才天信仰として習合された宗像三女神信仰（弁才天・水神）は北九州が発祥であるにもかかわらず、日本の中央から東に多いのは、宗像三女神が仏教と習合した結果東漸し、稲荷神とも複合することによって定着していったことを物語るもので、東漸する経過地にはあまり定着しなかったことを示している。

これは八幡神・出雲神（氷川神社や諏訪神社）・大山祇神（三島神社）などが東において広く信仰されるのと同様の傾向であって、民俗学的および歴史上にも意味がある。

弁才天信仰が平安時代頃から急速に盛んになったのは、農耕神である稲荷神（倉稲魂命・保食神・秦氏の氏神などを含めて）と習合した結果からであるが仏教系の神で美形の神という点にも信仰しやすい体質があり、吉祥天の上流信仰に対して弁才天は民間レベルでの信仰が大部分であったから、信仰していくうちに功徳のレパートリーがすこぶる広くなっていったことも理由にあげられよう。

そして各地に散在する弁才天祠も、武蔵野（東京都から神奈川県の東端、千葉県の西部を含めて）が一番多く、その中でも台東区・墨田区・江東区つまり東京都の東部に集中している観があるのは、江戸開府以来最も繁昌した地であるという理由もあるが、弁才天は下町の庶民の仏神であるからということもいえよう。

弁才天を寺社で祀る場合に、往々にしてその土地の鎮守的見方がなされて、深くその土地の人々に密着していき、土地の豊穣による平和と繁昌そしてそれより生じる至福の神として親しまれ、地母神的存在としては理想的美女神であるというイメージが常に働いていた。また地方によっては、不幸に終った女性の霊を慰めるために観世音菩薩や地蔵菩薩として祀る代りに、弁才天に見立ててその冥福を祈る手段にも用いられたのは、女性の性（さが）を浄化せしある希いでもあり、女性の怨みを避ける方法でもあった。弁才天には呪いの力が無いはずであるが、平安時代末期頃から、日本的荼吉尼天の要素が入ってきたので、平清盛のごとく弁才天に祈るに荼吉尼の法を用いたり、もっとはなはだしいのは源頼朝のごとく、藤原氏滅亡を文覚上人をして弁才天に祈らせるという、呪力ある仏神にまで発展していったのである。

しかし、民間レベルの弁才天信仰としては、あくまでも至福・学問向上・芸能熟達・富裕を願う、最も人間的願望を聞き届けて下さる優しい女性神のイメージで、それだけに七福神を揃えるときに欠かせない存在であったのである。端的にいって、民衆にとっては、弁才天が女性としての美徳と功徳を有する理想的女性像のイメージであったのである。ゆえに弁才天にたとえることは最大の讃辞であり、弁天様のようだとか、弁才天のように美しいという表現は、現代人の感覚からすれば古くさいタイプの美人のニュアンスを想像するが、少なくとも明治以前の人々にとっては、美貌に輝きそして親しみある最高の女性をイメージしていたのである。

第四章　弁才天に関係ある神々

梵天

仏教では大梵天王ともいわれ、弁才天の夫である。『新纂仏像図鑑』天部篇によると、梵天は梵名を梵摩又は跋濫摩（Brahmā）と云ひ清浄と翻ず、即ち色界初禅天の主にして第二の梵輔天を臣とし、第三の梵衆天を民とす。此の天もと印度教に於ける天地創造の神として諸神の王なりしが、仏教に入り色界に生れ初禅天の王となる。故に淫欲の心なく清浄にして理性に富み、仏教を保護し、又た能く一切衆生の主として天上を治む。故に大疏には此の天の真言を釈し、「即ち是れ衆生の主なり、一切衆生は梵天に因るが故に一切衆生の主と名く、能く一切の有情を生ずるが故なり。補羅字を以て種子となす。補は之れ第一義、羅は是れ障垢なり。勝義の中に於て障に即して無障なり。一切聖者皆之れより生ずるが故に主とは生の主なり。亦之れ仏の化身なり」とあり。又十二天報恩経には「梵王は天上の主、衆生の父、此の天喜ぶ時は器世間安穏乱動あることなし。何を以ての故に、劫初の時、此の天器世間を成立するなり。衆生乱れず、正に似て世を治む。何を以ての故に、父王喜ぶが故に、此の天瞋る時は世間安からず種々病あり、草木に至るまで皆悉く悩落す。衆生迷惑各々酔人の如し」と。金剛界及び胎蔵界曼荼羅には東木方に位し、又た十二天の一に列して地天に対して上方を守護す。胎蔵界曼荼羅の像は白肉色にして四面四臂に三目あり。即ち右第一の手は施無畏、次手は独股戟を持ち、左の第一手は蓮華、次の手には瓶を持ち、赤蓮の上に座す。秘蔵記の説又た之れと同じ。金剛界の像は白肉色にして左手を仰けて膝に安じ、右手に赤蓮を持す。十二天軌には其の形像を説かず。印相は四部の軌に左手の大指と、無名指とを捻し、蓮花を執るの形とす。真言は常に唵没羅含摩寧娑嚩訶とある。四面四臂で赤蓮華に座す像であるが、滋賀県湖南市善水寺および奈良県唐招提寺の梵天木像は一面二臂の立像で、前者は右手に蓮華（今は失われている）、左手は施無畏の形とし、後者は左手は掌を前方に向け、右手が施無畏である。また奈良県東大寺の梵天木像も前者と同じ手相である。

インドのボンベイのプリンス・オブ・ウェールズ博物館所蔵の石彫梵天は裸体であるが、三面四臂で半跏趺坐し、エローラ第十六窟の石彫像も同様である。マウトラー博物館蔵およびニューデリー国立博物館蔵の石彫像は立像である。

梵天立像
（滋賀県湖南市　善水寺、東京美術『目で見る仏像』天より）

ブラフマー
（ニューデリー国立博物館、せりか書房『ヒンドゥーの神々』より）

では梵天の原形であるブラフマー（Brahmā）とはいかなる神であるかというと、インド古代の二大叙事詩である『マハーバーラタ』（Mahābhārata）と『ラーマーヤナ』（Rāmāyaṇa）に出てくるシヴァ（Śiva）・ヴィシュヌ（Viṣṇu）・ブラフマー（Brahmā）の三主神の一神であるが、三神の中で一番高位にあるとともに三神は一体でもある。

叙事詩では、ブラフマーは世界の創造者とか世界の主とされて、多くの神々の上に君臨している。ヴィシュヌやシヴァの神話をみても、神々が魔神に苦しめられたときにブラフマーに訴えると、ブラフマーは必ずヴィシュヌまたはシヴァに命じて魔神を退治せしめる。

そのブラフマーは、ヴィシュヌが寝そべっているとき臍から蓮華を生じ、その中から生まれたと伝えられ、世界を創造するときには野猪や亀に変じたとされるが、やがて宇宙や世界の創造者がシヴァに変化すると、今度はブラフマーはシヴァの崇拝者の位置に変る。そして野猪に変化するのはヴィシュヌ神ということになる。このようにインド神話はいろいろに変化していくが、ウパニシャッド時代には、最高真理である梵我一如の梵に当る名を冠して最高神とみられるようになった。

本来ブラフマーは非人格的な中性原理であるが、擬人化、神話化されて創造神とみられ、時にはヴィシュヌの化身とみられることもあり、三主神（ヴィシュヌ・ブラフマー・シヴァ）が一体として同一神とみられることもあった。

とにかく古代インド宗教やヒンドゥー教では、宇宙および神々を造った創造神として厚い信仰を受けるが、仏教に採り入れられても、悪い経過を示していない。

仏教は自己の宗教が在来の宗教や他の宗教より絶対的のものということを示すために、在来の宗教に祀られる神を仏教の妨害者とし、教化されて帰依神となり護法神となったように説くが、梵天の場合には仏教を妨害したことは記されていない。しかるに如来・菩薩・明王・天の四種の中の下の級の天部に入れられているのは、仏教にとっては異教の神だからである。

仏教における宇宙観は、欲界・色界・無色界の三界より成る。

欲界は最下の世界で、これは下から地獄・餓鬼・畜生・阿修羅・人間・天上の六つから成り、これは六趣、耳なれた語では六道といわれている。趣は「おもむくべきところ」の意であり、生存しているときの行いの善悪によって再生すべき境涯をいい、輪廻の世界であるから、俗に六道輪廻ともいっている。このうちの最高界が天上界で、ここは四天王天、三十三天、夜摩天、兜率天、化楽天、他化自在天の六欲天があり、他化自在天の他はほとんどがバラモン教やヒンドゥー教の神が当てられている。

その上の色界とは物質界であって、右に述べた六道の諸々の欲を超越した世界で十七天があり、その中の初禅天にいるのが梵天(ブラフマー)である。つまり仏教を妨害せずに帰依したから、欲界の天より上位におかれているのである。

無色界は物質界を超越した世界で、色は物質欲のことであるが、これを嫌ってもっぱら禅定に住する世界でこれには四天がいる。この三界の天は合せて二十七天である。

この天部の神は、インド教ではほとんど現世利益の神であり、釈迦如来の現世利益否定とは相反する立場であるために独尊として祀られることなく、脇侍として祀られる方が多い。

しかし、現世利益を希う民衆は天部の神々には親近感をもつので、時々独尊として祀られることもある。福徳の大黒天・弁才天、豊饒の吉祥天、護方神としての四天王、護法神としての仁王、戦闘神としての毘沙門天、安産子育ての鬼子母神などは独尊として祀られている例であるが、梵天が見られないのは、まとまった十二天や二十八部衆の中に加えられて、仏法護持神の役を勤めているからであろう。

前にも述べたごとく、サラスヴァティー（弁才天）は、ブラフマーが水（無垢な原質）から作り出したもので、そしてサラスヴァティーを妻としている。

市杵島姫命

日本の神仏混淆説によって、弁才天と習合した市杵島姫命は宗像三女神の中の一神である。宗像三女神の誕生については『古事記』上巻に、建速須佐之男命が高天原に登ったところ、天照大神は須佐之男命に異心ありと疑ったので、異心の無いことのあかしを立てるために、須佐之男命が宇気比（誓約）をしたときに証拠として生まれた女神達である、とされている。

於レ是速須佐之男命答二白各宇気比而生一レ子。故爾各中二置天安河一而、宇気布時、天照大御神、先乞二度建速須佐之男命所レ佩十拳剣一。打二折三段一而。奴那登母母由良爾、振二滌天之真名井一而、佐賀美邇迦美而。於二吹棄気吹之狭霧一所レ成神御名、多紀理毘売命。亦御名、謂二奥津嶋比売命一。次市寸嶋比売命一。亦御名、謂二狭依毘売命一。次多岐都比売命。

天照大神が須佐之男命の佩いていた十握の剣を取って三段に折り、天の真名井の水をそれぞれに滌いで、剣を噛んで吹き出すと、その中から多紀理毘売命（奥津嶋比売命）・市寸嶋比売命

（狭依毗売命）・多岐津比売命の三女神が生まれた。次に、須佐之男命が天照大神の美豆良（結髪の形式）に纏わせていた八尺勾璁之五百津之美須麻流珠を取って、天の真名井の水を滌ぎ、それを噛んで吐き出して生まれたのが正勝吾勝勝速日天之忍穂耳命以下五柱の神々である。そこで天照大神は疑いを晴らすとともに、自分の玉から生まれたのであるから五柱の神は自分の子である、須佐之男命の剣から生まれた三神は須佐之男命の子であると分けた。

この三神はそれぞれ、多紀理毘売命は胸形の奥津宮、市寸嶋比売命は胸形の中津宮、田寸津比売命は胸形の辺津宮に祀られ、胸形の伊都久三前大神というとしている。

『日本書紀』神代上も同じであるが、一書に曰くとして、天照大神がまず十握剣を噛んで瀛津嶋姫命（市杵嶋姫命）を生み、九握剣を噛んで湍津姫命を生み、八握剣を噛んで田霧姫命を生んだとし、また一書では天照大神が八坂瓊之曲玉を噛んで生んだのが市杵嶋姫命（遠瀛神）・田心姫命（中瀛神）・湍津姫（海濱神）であるとし、素盞鳴命が生んだ説と天照大神が生んだ説とがあり、さらに剣から生まれたとする説と八坂瓊の勾珠から生まれたという説があり、神話の諸伝承にはいろいろある。また多岐津比売命と湍津姫命は、文字が異なるだけで同一神であることはわかる。しかし市寸嶋比売命（狭依毗売命）・市杵嶋姫命・瀛津島姫命と、多紀理毗売命（奥津島比売命）・田心姫命・田霧姫命との間には混同があるようである。つまり多紀理毗売命の別称である奥津島比売命と、市杵島姫命の別称瀛津島姫命は同じである。

これは、古代のさまざまな伝承が混淆して神話が形成された結果と思われるが、とにかく田心(たごり)姫命・湍津(たき)姫命・市杵島姫命の三女神が誓約(うけい)の折に誕生し、田心姫命は沖ノ島の沖津宮、湍津姫命は大島の中津宮、市杵島姫命は田島の辺津の宮に配祀され、福岡県宗像(むなかた)郡の宗像神社はこの三女神を三前大神として祀り、海洋民族に大いに信仰された。

この信仰は、同じく海洋民族の住む瀬戸内海にも広まり、瀬戸内海の神秘的形容を持つ島々にも三女神信仰が伝えられ、平安時代には広島県佐伯郡宮島町の島が三女神を祀る島として著名になり、本社を凌ぐほどに信仰を集めた。これが厳島である。

厳島は『延喜式』の神名帳に「伊都伎島神社」とあり、「いつく」は神を斎(いつ)き祀る意であり、宗像三女神は「伊都久三前大神(いつくみまえのおおかみ)」と呼ばれることから、三女神を祀る島を厳(いつ)くしまと呼ぶのに相応しい。また「いつきしま」と「いちきしまひめのみこと」が同音であるので、往々市杵島姫命が主神のごとく思われ、他地方に分祀した場合に市杵島姫命が主体になっていることがある。

神仏混淆の時代に入り、水辺に祀られることの多い弁才天が市杵島姫命に習合し、また神社の別当を寺院が行うようになって弁才天が祀られるようになると、祭神の姿は薄くなり、弁才天が本尊として祀られることが多くなり、封建時代にはこれが通例となったので、市杵島姫命を始め三女神はほとんど弁才天に擦り変ってしまった。明治の神仏分離により、神社における別当寺が廃止され、改めて宗像三女神に戻る神社もあったが、弁才天のままの神社もあり、また中には弁才天を廃止して、別の神道の神を祀る神社もあった。

また、厳島に宗像三神が祀られたのは古代かららしい。『古事記』中巻に、神倭伊波礼毗古命（神武天神）が東征に当って、日向から筑紫・宇沙・岡田宮・阿岐国多祁理宮にいたことが記されているが、その「たけりのみや」は多紀理の宮のことで、宗像三女神がすでに祀られていたことを示していよう。

木花開耶姫命

往昔弁才天を祀った社で六番目に数えられるのは富士山弁才天で、これは富士浅間大権現、現在の浅間神社であるが、祭神の木花開耶姫が弁才天に比定されていたからである。

木花開耶姫は大山祇命（大山津見神）の娘とされ、大山祇命は『古事記』によると、伊邪那岐命と伊邪那美命が天の御柱を廻って御合して国生みをし、次に神々を生んだときに山神として大山津見神を生んだことになっている。

大山津見神は、国つ神であり、『古事記』の各所に散見されるが、須佐之男命の八俣の大蛇退治の段では、大山津見神の女として、大市比売・木花知流比売の名が見える。

次に、天孫降臨の段では、天津日子番能邇々芸命が高千穂に降臨した後、笠沙の御前にて「遇㆓麗美人㆒」たので、その名を問うたところ、

答日之、大山津見神之女、名阿多都毗売亦名謂㆓木花之佐久夜毗売㆒

とある。ここでは、大山津見神の娘は、木花之佐久夜毗売とその姉石長比売ということになっている。大山津見の神は、邇々芸の命の結婚申込を受けて、木花之佐久夜毗売に石長比売を副えて差出したが、石長比売は「甚凶醜」によって帰され、妹の木花之佐久夜毗売が留められ、「一宿婚したまひき」と記されている。

『日本書紀』の一書では、伊弉諾尊と伊弉冊尊が国生みしたときに、軻遇突智（火神）が最後に生まれ、それで陰所を焼かれた伊弉冊尊は死んだ。怒った伊弉諾尊が、軻遇突智を五段に斬ったときに五ツの山の神が生まれ、その一つが大山祇の神としている。

また天津彦火瓊々杵尊が降臨したときに、美人に逢ったのでその名を問うと、「妾は天神が大山祇神と夫婦になって生まれた子で鹿葦津姫又の名は神吾田津姫また木花之開耶姫ともいう」と答え、それより夫婦になったとしている。

この木花開耶姫命はいずれの書でも、一夜にして妊み、瓊々杵尊に自分の子かどうか疑われたので、天孫の子であることを証するため塗込の室に入って火を放ち、その中で火照命・火須勢理命・火遠理命・（天津日高日子穂々手見命）の三子を生んだとされている。この火に包まれた産屋という連想から、火山が擬されて神とみられ、富士浅間神社に木花開耶姫が祀られるようになったものであろう。

こうした神話の木花開耶姫を祀る浅間神社が、なぜ弁才天を祀ると俗信されるようになったか。

それは、山岳修験道の開祖役の行者小角が登山して修行し、真言宗の開祖空海、天台宗の円珍も修業したと伝えられ、この三人の行く所は多く弁才天の伝承を生じ、特に空海・円珍は共に弁才天像を刻んで浅間神社に納めたとされているからである。こうした伝説はもちろん神仏習合による所産であるが、木花開耶姫は弁才天の垂迹ということになり、修験道の強い神社であったから、木花開耶姫の名より弁才天の名が表面に出されたのである。

宇賀神

宇賀神とは農業神で倉稲魂（宇介能美拖磨）といい、『日本書紀』神代上の一書に曰くの中に、伊弉諾尊と伊弉冊尊が遘合をして日本の国神および諸神を生んだときに、最後に軻遇突智を生んだが、この神は火神であるために伊弉冊尊は陰所を焼かれて神去りましたので、伊弉諾尊は怒って軻遇突智を五段に斬ったが、そのときに流れた血が天八十河の五百筒磐石に染って磐裂神・根裂神・磐筒男神・磐筒女神・経津主神・倉稲魂が生まれたが、倉稲魂は小童はこれを和多都美、一般では宇介能美拖磨ともいったとある。

また一書に曰くとして、伊弉諾尊と伊弉冊尊が共同して大八洲（日本）を作ったときに、飢えたので倉稲魂命その他の諸神を生んだとも記している。

また『古事記』では、須佐之男命が出雲で八俣遠呂智を退治してから足名椎・手名椎の

娘櫛名田比売を妻としたが、このほかに大山津見神の娘大市比売をも妻とし、それに生ませた子が、

大年神、次宇迦之御魂神

であるとしている。宇迦之御魂の神が何の神であるか不明瞭であるが、「うが」は「うけ」の転語であるところから、後に保食神と同一視されるようになった。

保食神は『日本書紀』の一書に曰くに、伊弉諾尊が三子（天照大神・素盞嗚尊・月夜見尊）にいう条に、

聞三葦原中国有二保食神一宜爾月夜見尊と就候之月夜見尊と裏含蚕便得レ抽レ絲。自レ此より始めて有二養蚕之道一焉。保食神此れは云二宇気母知能加微一

とあり、保食はウケモチと訓み食料神、食物の主役は穀物であり、稲であるから倉稲御魂とも書くのである。

『日本書紀』巻第三　神日本磐余彦天皇（神武紀）の項に、大和の異賊退治のため丹生川の川上で天神地祇を祭った条に、

粮名為二厳稲魂女一（稲魂女此ヲ云二于迦能女一）

とあり、厳稲魂女も穀神であるところから保食神と同一視されている。

そして奈良朝時代に生じた稲荷神も穀神であることから、これに習合して稲荷神、あるいは稲荷神の使いの狐神とみられるようにもなり、宇迦神を御神体とする神社も後世にはみら

れた。竹生島明神が宇迦（賀）神であるのも、その例である。

このように宇賀神は穀霊とみなされるから、土地神・産生神・地主神であると考える傾向が強くなり、地上に棲息する蛇や狐とも結び付く。宇賀神が稲荷神と習合した点で、狐神にみられたり、蛇神にみられるようになり、人首蛇身の宇賀神が表現されていく。

また稲をはじめとする五穀の豊穣は、人々の幸せを意味するから至福富裕を希う神ともされ、次第に福神としてみられるようになった。ここから、俵（米を詰めた藁編みの袋。これが生産・保存・貢租の基準になる）の上にとぐろを巻いた蛇形を置いて、宇賀神と見立てたりするようにもなった。

さて、弁才天は水から生じた仏神であるから、水辺や島に祀ることが多く、これもインド以来、水神として龍蛇に関係深く、時には蛇に比定されるので、宇賀神の表現としての蛇と弁才天の表現としての蛇とは結び付き易い。

そして本地垂迹説によれば、弁才天は宇賀神として垂迹したことになり、日本の密教系では宇賀神は弁才天であるとして宇賀弁才天なるものを生み、宇賀神の法という修法まで行われるようになった。また、宇賀耶はインドにおける白蛇を意味することから、宇賀神を白蛇として水神に結びつけ、弁才天と同一視することにもなった。

つまり農業国家、特に稲作を主とする往昔にあっては、田の水が重要な存在であり、水の不足は稲の成育に影響することから水神に水が満ち足りるよう祈り、それによって生ずる豊穣から幸福富裕を願うことによって、稲荷も弁天も至福の神として同一神とみられるようになった。

したがって日本における弁才天の像容が、中国の影響を受けたまま隋唐の貴婦人の姿で表現されると、宇賀神系の稲荷神も習合から来た結果同様の姿で表現され、さらに、稲荷神や弁才天と混同された荼吉尼天の場合も同様に表現された。

宇賀弁才天という、特殊でありながら弁才天信仰の中で最も普遍的に普及した弁才天を決定付けたものは、『弁天五部経』という偽経である。

毘沙門天

毘沙門天は、吉祥天を妻にするともいわれる。『毘沙門天王経』に、「中心に釈迦牟尼仏を画き、説法の相を作れ、仏の右辺に吉祥天女の形を画け、眼目広長にして顔貌寂静にせよ」とあり、左辺に毘沙門天王を置いて、毘沙門天と吉祥天を夫婦のごとく扱っている。

しかしインドにおいては、吉祥天は古代三主神の中のヴィシュヌ神の妃とされている。それがなぜ毘沙門天の妃となったかというと、『演秘鈔』第十五や『山家次第』下に、「以て功徳天（吉祥天のこと）は多聞天の后と知るなり」など記されているところから、日本仏教では吉祥天は毘沙門天の妃と思われるようになった。

そして、大黒天を加えて三尊合行とする天台密教の説も生まれ、それが大黒天を主尊とする三面大黒天においては、大黒天の顔の左に毘沙門天、右に弁才天の顔を配するようになった。

最澄が感得したという三面大黒がそれで、大黒天像の左右に毘沙門天と弁才天の顔が配され、毘沙門天は鉾に棒、弁才天は鎌に鍵、大黒天は宝珠と剣を持つ。この三神共に武器を持つことは、戦闘神を意味するもので、福神たる三神が武器を手にすることは、貧窮や邪悪を除去して福を叶えるためのものと解釈できようが、本来の姿からいえば毘沙門天も大黒天も戦闘神的性格の神であって、福神となったのは仏教においてである。

では、仏教で毘沙門天はどのように理解されているであろうか。『新纂仏像図鑑』天等篇十二天の項によると、

> 毘沙門天は梵名を吠室羅摩拏（べいしらまど）（Vaisravana）と云ひ、毘沙門と訳し、又た唐には多聞と訳し、羅什三蔵は種々聞と訳せり。法華義疏には「恒に如来の道場を護りて法を聞く故に多聞と名く」とあり。此の天金毘羅（Kubera）訳して蛟龍と称し暗黒の属性なりしが、次第に光明神となり、マハ・パラタ物語に入りて施福の大神となりしもの、故に金毘羅を其の別名とす。須弥山第四層の北に在る水精宮に鎮座して、八方天及び四天王の一に列し、夜叉羅刹を司配して、国土及び有情界を守護し、手に持てる塔より無量の珍宝を出し、衆生に与えて福徳を授くるが故に施福の神として世に最も崇拝せらる。即ち功徳

経には「無量の福徳を得て一切世間に於て喩(たと)ふるものなし。所以何となれば、此の天王の左手の中より無量の七珍宝を出し、右手の中より一切法蔵を顕し、諸の衆生に随て一切の宝物を賜与せんと欲す。若し毘沙門天王の名を聞かば、一切業障を滅し、阿耨多羅(あじょくだら)三藐三菩提(さんみゃくさんぼだい)を得せしむ」と。古来此の天を常に吉祥天と相関連せしめ、夫婦の如く説き、或は之れに大黒天を加へて三尊合行となす胎密の説あるも、是れ等は毘沙門天王経に「中心に釈迦牟尼仏を画き、説法の相に作れ、仏の右の辺に吉祥天女の形を画け、眼目広長にして、顔貌寂静せよ」とあり、左辺に毘沙門天王を安いて曼荼羅を説けるより

毘沙門天像

起れるものといふ。胎蔵界曼荼羅外金剛部院には北方の門の傍に住し、金剛界曼荼羅には西方に位し、共に甲冑を着け、左手の掌上に塔を置き、右手に宝棒を執つて筵に座する像あるも、十二天軌には「北方毘沙門天は二鬼の上に座し、身に甲冑を着、左手の掌に塔を捧げ、右手に宝棒を執り、身は金色なり。二の天女ありて宝蓮華を持つ」とあり。又摩阿吠室羅摩那野提婆喝囉闍陀羅尼儀軌には「身に七宝荘厳の甲冑を著、其の左手に三叉戟を執り、右手は腰に托す。其の脚の下に三夜叉鬼（さんやしゃき）を踏む」と。又た左手に舎利塔を捧げ、右手に金剛棒を持ちて立つ像等、其の他異像少なからず。此の天の根本印は内縛して二無名指を立合せ、二頭指を立て開くなり。其他伽駄棒印、宝珠印を用ふ。真言は唵吠室羅嚩拏耶娑嚩訶（おんばいしらまんだやそわか）

とある。毘沙門天は「如来の道場を護りて法を聞く」故に多聞天ともいい、インドの『マハー・バーラタ』物語では、クービラ（金毘羅）ともいうとある。四国の金毘羅様がそれである。また、胎蔵界曼荼羅外金剛部院の北方の門に位置するので北方の神とし、金毘羅が暗黒を意味するので北方鎮護の仏神とされている。

ゆえに坂上田村麿は、蝦夷征討を命ぜられたときに毘沙門天を深く信仰し、東北に多くの毘沙門天像を祀ったので、現在でも東北地方に毘沙門を祀った堂が多い。

このように北方の門の警備の任を負わせられていたから、甲冑姿で武器を執る像として表現され、三叉戟か宝棒（金剛棒）を持ち、片手には仏舎利塔（仏法護持の意味であるが、後に無限の宝の出る宝塔というように解釈された）を捧げ持つことから福神視されてくる。

毘沙門天の像容にはいろいろあるが、兜跋（とばつ）毘沙門天は中国の安西城で西蕃（チベット）を駆逐した話から出たもので、王城の守護神として城門に安置されたので、日本でも王朝時代には羅城（生）門に安置された。毘沙門天は北方鎮護であるから北方に祀られるのが普通であるが、兜跋毘沙門は南の入口である羅城門に安置されたのは特殊である。

毘沙門天が鬼を踏まえているのは夜叉羅刹を支配している意味で、夜叉は夜叉鬼である。また兜跋毘沙門天は二鬼を踏んで立つが、二鬼の間に地天がいて毘沙門天の足を支えているのが特徴である。

毘沙門天は吉祥天と善膩（ぜんに）師童子を脇侍とするが、善膩師童子は五人の太子（子供）であるから、吉祥天が妻であるということになる。

このほか、八大薬叉大将を眷属とする。薬叉とは夜叉のことである。八大薬叉大将とは、宝賢・散支・満賢・醯摩縛迦（けいまばか）・娑多祁哩（しゃたきり）・阿吒縛迦（あたばか）・半遮羅（はんしゃら）・毘灑迦（びしゃか）の八大将で、五人の太子とは独健・那吒・最勝・常見・善膩師である。

毘沙門天は四天王の中の最強神であるが、四天王として数えた場合には多聞天といい、他の三天王とは広目天・増長天・持国天である。

また、十二神将として数えられるときは十二支に象り、宮毘羅（くびら）（金毘羅）（子）・伐折羅（ばきら）（丑）・迷企羅（めきら）（寅）・安底羅（あんてら）（卯）・頞儞羅（あんにら）（辰）・珊底羅（さんてら）（巳）・因達羅（いんだら）（午）・波夷羅（はいら）（未）・摩（ま）

虎羅（こら）（申）・真達羅（しんだら）（酉）・招杜羅（しょうとら）（戌）・毘羯羅（びから）（亥）で、これらは必ず薬師如来に付属しており、時には頭上に十二支に該当する動物の形象をつけたものもある。

毘沙門天は、可畏・天敬・衆帰の三城を持つが、これらはすべて宝石で飾られ荘厳極りなく、多くの宝や財物を所有しているとされ、また宝塔からは無量（はかり知れない）の宝を出すとし、宝を出す宝棒（宝杵・金剛棒）を持つ、つまり財宝づくめであるところから福神とされたのである。

三面大黒像に弁天とともに加えられたものも、戦闘神的見方から加えられたのではなく、福神としてさらに強力な福力を示すような希いから三神合体の像となったものであり、七福神中の最たる位置を有している。

大黒天

大黒天と弁才天との繋がりは、日本においては密教の中で示現した（というより考えられた）三面大黒天の思想と、道教の混入した神仏混淆思想から生じた、福神に対しての現世利益思想によって作られた七福神信仰などによってみられる。

そもそも大黒天とはインドの神であって、梵名を摩迦羅または摩訶迦羅（Mahākala）と呼ばれ、大自在天の化身といわれている。大自在天は摩醯首羅（Mahesivara）といわれシヴァ

(siva) のことで、シヴァは仏教に取り入れられて大自在天という護法神になるが、インド三大主神の一神で多くの名を持ち、インド神話の中で一番活躍する神である。

シヴァは凶暴な神で破壊を主とするが、破壊の後の建設再生をも司るから、再生至福・施薬の神として厚く信仰され、昼の神である。

これに対して大黒天は、マハー・カーラ・デーヴァ (Ma ha Kala Deva) と呼ばれる暗い神で夜の神である。つまりシヴァの夜の姿の神といえるから、シヴァの性格がそのままあらわれて恐ろしい神である。つまりシヴァは昼の神、マハー・カーラ・デーヴァは夜の神、つまりシヴァは昼夜を支配する。インドの宇宙観では昼夜は一体であるから、シヴァとマハー・カーラ・デーヴァは一体の神であることは当然である。

シヴァの妻はパールヴァティーであるが、カーリー (Kārī) でもあるとするのは、インドの神々のさまざまの多角的性格のそれぞれを一神ずつ独立してみるからで、カーリーはシヴァに似た恐ろしい婬女深悪神に仕立てられており、マハー・カーラ・デーヴァの妻であるともする。つまり昼の姿のシヴァの妻は優しい美貌のパールヴァティーであり、夜の姿のマハー・カーラ・デーヴァの妻はカーリーであるとする。

それが仏教に採り入れられてからは、植物の世界における生命原理の擬神化としてとらえられ、共同体で修行し苦行する仏教信者に植物の食物を供給する神としてみられるようになった。食物つまり穀類、そして米を詰めた俵に乗る後の日本における大黒天の像容は、ここから発している。

インドの寺院の厨房の柱には、このマハー・カーラ・デーヴァが必ず祀られていた。日本に大黒天信仰が伝わって、寺院の厨房や一般の家の台所に祀られたのは、これに由縁するが、福神信仰が強まると床の間や違い棚などの上等の部屋や、神棚上に飾り祀られるようになった。これは大黒天に福を求める信仰から、独尊（日本においてはほとんど夷(えびす)神と一組(ペア)になって祀られ、他に脇侍神を置かない）として祀られるようになったので、良い場所に移ったのである。

大黒天信仰は中国にも伝わり、暗黒の神であるところから大黒と訳され、寺院の厨房の柱に祀られた。唐の義浄撰の『南海寄帰内法伝』に、

西方諸大寺処咸於食厨柱側或在大庫門前彫木表形或二尺三尺為神王状坐金嚢郤踞小牀一脚垂地毎将油拭黒色為形号日莫訶歌羅即大黒神也　古代相承云是大天之部属性愛三宝護持五衆使無損耗求者称情但至食時厨房家毎薦香火所有飲食随列於前云云

とあり、食料を司り守る神とされ、福神的性格があらわれてくる。さらに「性愛三宝護持」の神とされ、性愛によって増殖至福を司り、三宝すなわち仏法僧を護持する善神とみられるようになってくる。『大黒天神法』にも、

大神力あり。諸珍宝多し。隠形の薬あり。長年の薬あり。乃至若し加持すれば宝貝及び諸薬等を貿易す。意の為す所に随つて皆成就を得

とあって、財宝を多く所有し、長寿の薬、隠形の薬などあらゆる薬を扱かい、思うことすべ

てを成就させてくれる力を有しているというのであるから、人々が争って帰依するのは当然であろう。

そして大黒の音が、日本神話に出てくる大国主命の音読みに共通するので、本地垂迹説による習合によって大国主命（大己貴神）と同一視され、神仏混淆の時代には大国魂神社は大黒天を祀るとの俗信を生じ、大黒天は日本古来の神であると誤信されるようになった。したがって日本における大黒天像は、日本的頭巾に狩衣姿で表現され、この姿が大黒天服制として定着している。

そして仏教では莫訶歌羅天・摩訶迦羅天・摩多良神などとし、密教では毘盧遮那仏の化身として降魔の神ともされ、また自在の神通力を持つ荼吉尼天を降伏させる仏神ともされている。

日本で祀られるようになったのは、伝教大師最澄が比叡山の政所大炊屋（厨房）に安置してからであるといわれている。

『新纂仏像図鑑』には、次の記述がある。

大黒天は梵名を摩迦羅又たは摩訶迦羅（Makakala）と称し、訳して大黒天と云ふ。大自在天の化身にして、伊舎那天の眷属なり。此の天には顕密二教の両説ありて、顕教の説に拠るものは、愛楽の相を現し、福徳施与の神とし、即ち寄帰伝に「坐して金嚢を把り、小床に却踞し、一脚を地に垂れ、毎に油を将て拭ひ、黒色を形と為す。号して莫訶迦羅と曰ふ、即ち大黒神なり」。古代相承に云く、「是れ大天の部属、性三宝を愛し五衆を護持す。損耗無からしむ」とあるを本拠とし、又た大黒天神法には「大神力あり。諸珍宝多し。隠形の薬あり、長年の薬あり、乃至若し加持すれば宝貝及び諸薬等を貿易す。意の為す所に随て皆成就を得」とあり、然るに密教の説に拠るものは、大疏に「毘盧遮那降伏三世の法門を以て、彼（荼吉尼）を除かんと欲するが故に、化して大黒神と作り、彼に過ぎたること無量にして示現し、灰を以て身に塗り、曠野の中に於て、術を以て悉く一切の法を成就して空に乗じて水を履み、皆礙ることなく諸の荼吉尼を召して之を呵責す。汝常の人を噉するが故に、我れ今汝を食すべしと、即ち之れを呑噉す。伏して彼を死せしめず伏し已つて之れを放ち悉く肉を断たしむ」とありて、悪魔を降伏する忿怒神の相を現ず。故に大黒天は闘戦の神にして福徳の属性を有するなり。而して摩訶迦羅を大黒と翻ずるは、摩訶は大にして迦羅は大疏に黒暗と翻するが故に、通じて大黒と称するなり。

此の天の住所は孔雀経中に「大黒薬叉王は婆羅痆斯国に住す」とあれども胎蔵界曼荼羅には「東北方伊舎那天の下に在り。其の形相は青色忿怒形三面六臂にして青蛇を以て臂釧となし髑髏を瓔珞となし、火炎髪あり。三目にして雙牙出て、右第一手には剣を執り、膝上に横たへ、左手を以て其の刀を握り、右第二手には餓鬼の頭髪を以て提げ、左第二手は羊の両角を以て提げ、左右第三手にて醒き象皮を背に張り覆ふ形なり。然るに大黒天神法には膚皮悉く黒色に作り、頭には烏帽子を冠せしむ。悉く黒色なり。袴を着けしめよ。駈け塞げて垂れざれ、狩衣を著けしめよ。裾短くして袖細くせよ。右手を拳にな し、右の背腰収めしめ、左手には大袋を持せしめ、背より肩上に懸けしめ、其の袋の色鼡毛色にて其の垂下したる程臂上に餘れり」と。故に後者は今日我が邦に見る大黒天の像と類似する点多けれども槌を持つ像は其の出典明かならず、或は後人の作ならんか。又た阿吒薄拘元帥大将上仏陀羅尼修行儀軌には「次に摩訶迦羅を作せ、二手あり二眼(三眼)に作せ、伏突を執り、脚に毘那耶迦を踏ましめよ、悉く雄壮可畏なるべし、七宝の花蓋を作せ」とあり、其他台密の相承には三面六臂の像あり。異様甚だ多し、印相は両無名小の二指を散じ立ちたるものを用ひ、或は普印を用ふ。真言は唵摩訶迦羅莎訶右に記されるごとく、密教においては胎蔵界曼荼羅の東北方伊舎那天に属し、その形相は三面六臂でまことに凄まじく、明らかに戦闘神であることがわかる。

この相様は曼荼羅に描かれるのみで、仏像としては無く、これは明らかにシヴァ神の姿を象ったものであり、三面六臂の形式が後の三面大黒天に窺われるのみである。

顕教における大黒天像は、「坐して金嚢を執り、一脚を地に垂れ」という姿で、滋賀県愛荘町明寿院の大黒天像がこれに該当する。中国風の冠とも烏帽子ともつかぬ帽子をかぶり、甲を帯した武装姿である。これが福岡県太宰府観音寺の大黒天像になると、中国風の襆頭に、中国風の袍と短かい袴で、左肩に大袋をかけている。また奈良市此瀬町公民館蔵の大黒天像

半跏大黒天像
（滋賀県愛荘町明寿院）

密教の大黒天

は、観音寺蔵の大黒天像と似ているが、帽子は突盔（とつはい）形で衣装は狩衣に袴に脛巾に履（くつ）である。これらは右手に金嚢を持つ代りに、指をまめで女握りと称する手印をしている。女握りとは拳を作った場合に、親指を中指と薬指の間から覗かせる握り方で、これは世界的に女陰を示すものとされている。なぜ大黒天が女握りをするかについては、古来諸説ある。

思うに、大黒天の別の姿であるシヴァ神は、インドのヒンドゥー教では男根（リンガ）に表徴され、性神としてみられている。とすれば大黒天も同様で、大黒天もリンガであり、シヴァがその妃パールヴァティーを抱擁（パールヴァティーは女陰）するように、金嚢（金を入れた袋とは限らない。宝物。袋から財宝が出ることは至福である）を持つのは、袋は子宮であり、袋状のものは女陰を意味している。そのことは

小槌持つ大黒天（室町時代）　女握りの大黒天（室町時代）　大宰府観音寺の大黒天（平安時代）

フロイトの説を待つまでもなく、心理学者達の等しく認めるところである。つまり大黒天すなわち男根（リンガ）、金嚢あるいは女握りすなわち女陰（ヨニ）であり、この組み合わせにより、生産・豊饒・裕福・幸福を表しているのである。

では後世、大黒天が打出の小槌を持つようになったのはなぜか。一般にはこの小槌は打出の小槌といって財宝を打ち出す槌とされ、魔法（マジック）の槌と解釈されているが、槌は男根をも意味し、槌の面にはまた宝珠の形を画く。宝珠は如意宝珠で、意のごとく何でも叶う宝の珠で生産をも意味し、その形は女陰を象っている。つまり日本における大黒天の像容は、どうみても和合神であることを示している。

また後世の大黒天像は、いわゆる大黒帽と称するベレー帽のような形のものをかむり、狩衣袴（裾くくりの袴）に沓（くつ）を履き、左手に背に負った大袋の口近くを握り、右手に打出の小槌を持って二俵の俵に乗っている姿が定着している。大袋はもちろん財宝を入れた袋であり、小槌は宝を打ち出す道具、二俵の俵は食物を司る神としての存在を示すためであるが、これは出雲国を開拓経営した大国主命の姿の残影でもある。

しかし、なぜ幞頭や冠でなくベレー帽状の頭巾となったかは、服装上不釣合で異色である。これはシヴァ神が男根として祠られているのと同じく、ベレー帽状の大黒頭巾は男根の亀頭冠に当り、立ち姿は男茎、二俵の俵は陰嚢に当る。ゆえに江戸時代頃から、しばしば意識して聳立する男根状に大黒天のシルエットを形作っているのは、偶然ではないのである。

また福神を三身一体として、福寿のさずかる力を強力に願う気持から三福神を一つにまとめたのが三面大黒天で、これは密教の胎蔵界曼荼羅の三面六臂の大黒天にすでに見られるところであるが、日本において大黒天の像容が一定した姿で表現される時代に入っての三面大黒は、右に毘沙門天、左に弁才天を配している。

この三神はともに戦闘神であり、またそれぞれ福神でもあるから、武家にも庶民にも信奉された大黒天である。

ただし、武器を執るのは毘沙門天だけで、戟と宝棒（金剛棒）を持つが、弁才天は鍵と宝珠あるいは鎌と鍵で、大黒天はもちろん打出の小槌と大袋である。

弁才天がこうした持物を持つのは、稲荷神と習合してからの宇賀弁才天であるからである。

三面大黒
（右・毘沙門天　中・大黒天　左・弁才天）

如意宝珠を持って福神を示すだけでなく、豊饒をも示す農業神としてレパートリーを拡げた結果からで、鎌は稔った稲を苅る鎌、鍵は宝庫の鍵である。

この三神が一組一体となるのは、古来弁才天を祀るときには十五童子（十六善童子の場合もある）とともに必ず大黒天と毘沙門天が脇侍として祀られるから、大黒天を主尊として祀る場合には、毘沙門天と弁才天が組であることを示すために、大黒天・毘沙門天・弁才天による三面大黒像となるのである。

また大黒天はさまざまな形容の大黒天に変化することは、シヴァ神がいろいろの異名を持って変化するのと同じである。

これも、それぞれのレパートリーの範囲における願望を叶えてもらいたい民衆に対して、仏家が考案した大黒天で、俗に六大黒といわれている。

乞食僧姿の比丘大黒（びくだいこく）、女性の姿をした摩迦伽羅大黒女（まかからだいこくじょ）（摩迦伽羅は大黒天の意であるのに、さらに大黒天の語を加えるのは梵語と漢訳語の重複であるが、女性の大黒としたゆえにこうした名を用いた

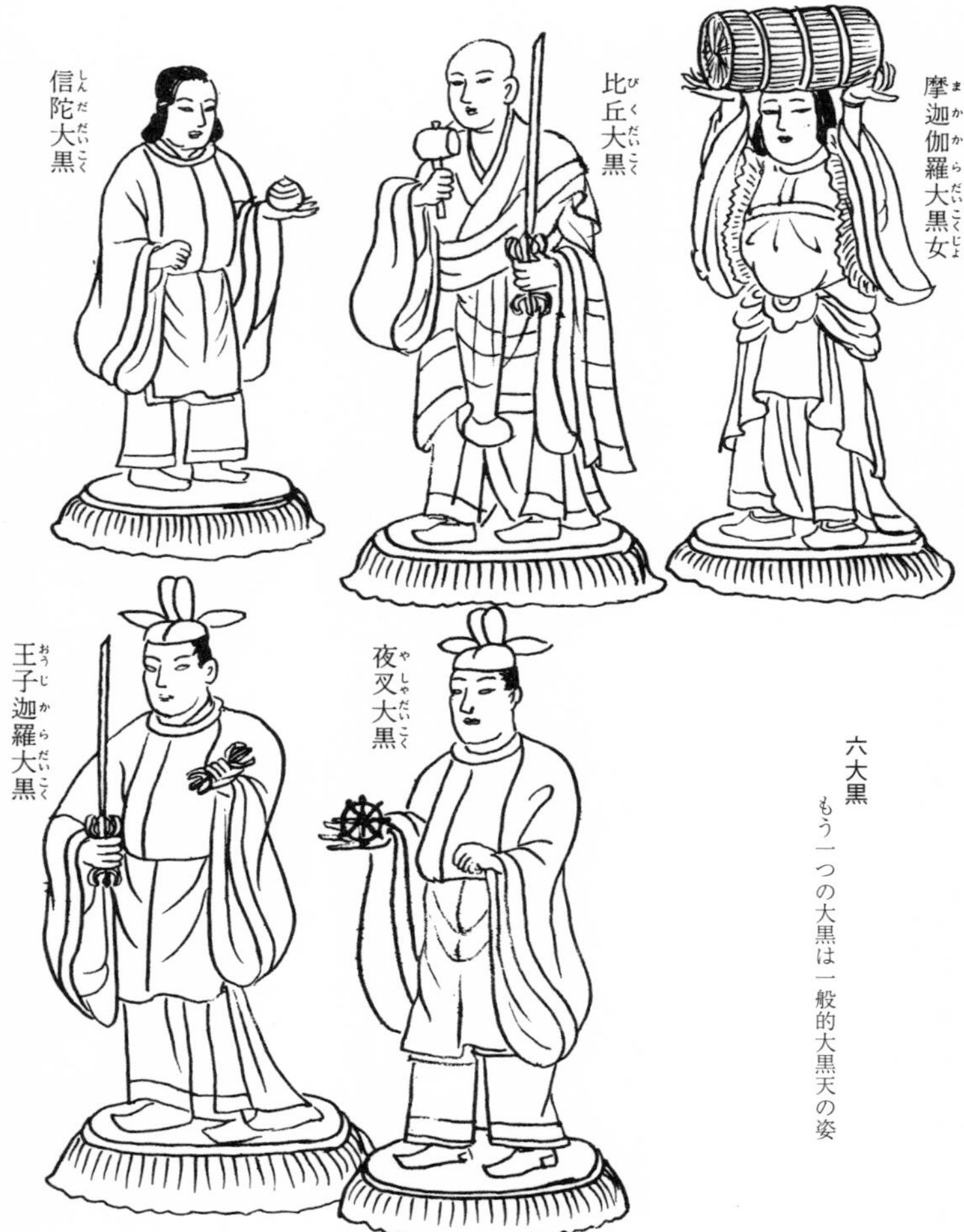

六大黒
もう一つの大黒は一般的大黒天の姿

のであろう）、中国隋唐時代の貴族の服装をした王子迦羅大黒、稚児風の信陀大黒、中国風の官服を着て右手に輪宝を持つ夜叉大黒など、これらは大黒天の功徳のレパートリーを、さらに親しませる意味で変化させたのであろう。

大黒天は、寺院においては主尊として祀られるが、民間では七福神の中に含めて祀るか、または夷神と一組にして祀る例が多い。

夷神は、別に好字をあてて恵比須・恵美寿様と呼ばれ、その経歴不明瞭のまま福神とされる。一般では、伊弉諾尊・伊弉冊尊が国や神々を生んだときに生まれた第三子の蛭児尊であるといわれるので、恵比寿三郎といわれている。記紀では、蛭子は三歳になっても立って歩くことができなかったので、天磐樟船に乗せて海に流した。船は摂津国（大阪府）西宮の浦に漂い着いたので、そこに祀られるようになった。現在の西宮（戎）神社である。

また別説では、大国主命の子で事代主命であるとされ、この命は漁が好きであったという。ゆえに夷神は烏帽子狩衣姿で右手に釣竿、左手に大鯛を抱えているが、にこやかに笑顔を見せているので福神に加えられたのであろう。しかしこうした服装から、夷神が七福神や大黒天と一緒になる年代がほぼ窺われる。

釣竿は福運を釣るの意、鯛は目出度いの意で、縁起的洒落からきた持物であるから、この服装持物である限り、室町時代頃から行われた夷大黒信仰であろう。

大黒天の使いは鼡とされている。鼡は十二支の子であり、子は北方である。毘沙門天も北方の方角守護の神で鼡を使いとし、大黒天も暗黒で北であるところから、毘沙門天の使いである鼡が大黒天の使いであると混同された。

日蓮宗では、六〇日の周期のはじめである甲子（十干のはじめが甲、十二支のはじめが子で、十干十二支を組み合わせると六〇日になる）の日に、百粒の黒豆を供えるが、それは黒豆を鼡に見立てて大黒天に供えたのである。

またシヴァの子であるヴィナーヤカ（日本では聖天といい、象頭人身の神で、性格はシヴァによく似ている恐ろしい神の反面、願いは何でも聞き届けてくれる神）には、日本では蘿蔔根（大根または二股大根）を供えるが、大黒天にも二股大根を供える。江戸時代の『守貞謾稿』にも、

毎月甲子日ハ大黒天ヲ祭ル　三郎トモふたまた大根ヲ供ス

とあり、三郎は夷三郎すなわち夷神であるが、この一組の福神に二股大根を供える風習があった。大黒天が男根すなわち男性を意味するものであれば、二股大根はその色の白さ、表面の滑らかさと二股状の形から女体を示したものであり、これを「大黒の嫁取り」という。現在でも、地方によっては、甲子の日に二股大根を朴の葉に包んで大黒天に供える風俗がある。

また大黒天の尊像は、どういうわけか橋に用いた板で作るという言い伝えがある。『堀河百首狂歌』に、「橋板で作りたてまつる大黒やふくとくとくとわたすなるらん」と詠われ、『簑絨輪』にも「橋で踏まれて後に大黒」という付句もあり、『川柳』にも「橋大工どれをくれても三枚目」とあり、橋板の古材で大黒天像を刻むのが良いとされた。

荼吉尼天

荼吉尼天はしばしば稲荷神と習合し、稲荷神とする混淆もあり、稲荷神が稲束を担ぎ宝珠を持つ姿であらわされると、荼吉尼天も同様の服装と同じ持物を持ち荼吉尼真天として祀られた。愛知県豊川市の豊川稲荷と称される妙厳寺の荼吉尼真天がそれである。

稲荷神である宇賀神と弁才天が習合して宇賀弁才天を生じたことは、前に述べた通りであるが、稲荷神が弁才天と同じ服装となったことにより、稲荷神と習合した荼吉尼天も弁才天と同じ服装となり、この三者は中世においてしばしば混同され、あるいは同一神とみられていた。

前述のごとく、『源平盛衰記』などでは、狐は貴狐天王、貴古天王は妙音弁才天、妙音弁才天に祈るには荼吉尼の法という構図であるから、

威勢は大威徳天、福分は弁才妙音陀天の御利生也

という平清盛の述懐になるのである。

つまり弁才妙音陀天という仏神はいないが、妙音弁才天すなわち荼吉尼天ということになるから、妙音弁才天に福分を祈るのに陀天（荼吉尼天）の法を修するのである。

では日本における荼吉尼天の性格と位置付けはどんなものであったかというと、日本に伝

わった密教によってすこぶる異質の神とされている。『新纂仏像図鑑』に拠ると、

茶吉尼（Dakini）は梵名にして又の名を荼枳尼、拏吉尼等と云ふ。人黄（心臓）を食ふ薬叉にして神通自在の通力を有し、六ケ月前に人の死期を知ると云ふ。従て荼吉尼法を修するものは、此の通力を得と称して世に信仰せらる。此れ日本の管狐と称するものにして経軌の説にあらず、邪教の一種なり。慧琳音義に曰く「荼吉尼は梵語、則ち鬼の総名なり、能く人を魅し人通を与ふるものなり」と。又大疏十に曰く「荼吉尼真言、此は是れ世間に此の法術を造るものあり。亦自在に咒術をもつて人の命終せんと欲するを知るものなり、六ケ月より即ち之れを知り、已て即ち法を作して其の心を取つて之れを食す。斯る所以は人の身中に黄なるものなり。所謂人黄なり、牛に黄あるが猶し。若し食なきを得るものは能々極大成就を得て一日に四域を周遊し、意の所意に随て皆得、亦能く種々に人を治す。嫌者あれば術を以て之を治め、極て病苦せしむ。毘盧遮那降伏三世の法門を以て彼を除かんと欲するが故に化して大黒神となり、彼に過ぐる無量にして示現し、灰を以て身に塗て曠野の中に在て術を以て悉く一切の法を成就して空に乗じて水を履むに皆礙なき諸の荼吉尼を召して、而して之れを呵責す。汝常に人を噉するに猶るが故に、我れ今亦当に汝を食すべし、即ち之れを呑噉す。然れども彼を死せしめず伏し已て之れを放ちて悉く肉を断ぜしむ。彼仏に白して言はく、我れ今悉く肉を食して存することを得たり。今如何か自ら済はん。仏言く汝に死人の心を食ふことを聴す。彼言、

茶吉尼天　　　　ヒンドゥー教のダーキニー天

密教の荼吉尼天

人死せんと欲する時は諸の大薬叉（やしゃ）彼の命終を知つて争い来て食はんと欲す。我れ如何か之れを得ん。仏言はく、汝の為に真言法及印を説く。六月より未だ死せざるも即ち能く之れを知り、知り已て法を以て加護し、他をして畏て損ずることを得しむる勿れ、命終の時に至て汝に取り食ふも聴す。是の如く漸く引て道に入ることを得しむるが故に此の真言あり」と。胎蔵界曼荼羅には外金剛部院の南方に位し、赤肉色餓鬼形にして右手に人足を持し、口を開いて食ふ勢をなし、左手に人手を持つ。侍者左右に侍し各々血を盛る皿を持つ。前に死人仰へ臥す。之れを臥鬼と云ふ。其の前に荼吉尼集四人あり。印相は左掌を窪めて皿の形を観し之を甜むるの勢の印なり。真言に曰く南莫三満多没駄南訖利訶莎訶（なうまくさんまんだぼだなんきりかそわか）

とある。荼吉尼天が仏教に採り入れられ、密教で定義付けられた性格外貌は惨憺たる悪鬼で、人黄や死肉を食う恐ろしい仏神となっており、薬叉（夜叉）として表現されている。

そして猛烈な神通力を有するので、これを信ずる輩は邪教とされ、狐を使い法術をもって人を苦しめるので嫌われ、日本の稲荷信仰を一部の修験者が狐神を使うと信ぜられたものと習合したりして恐れられる反面、神通力を授かって福を得ようと願う神となったりした。

これは『源平盛衰記』に見るごとくであり、この荼吉尼天呪術の思想は平安時代に遡る。

仏教が日本に入った当初から、古神道の中の山岳崇拝より生まれた修験道の呪術神的思想が荼吉尼天にも及んで、邪教的性格を植え付けたのである。

『文徳実録』仁寿二年（八五二）二月壬戌越前守正五位下藤原朝臣高房の経歴を述べた中に、天長四年（八二七）に美濃介に任ぜられた折に、

席田郡有三妖巫一。其霊転行暗噉レ心。一種滋蔓。民被二毒害一。古来長吏。皆懐二恐怖一。不三敢入二其部一。高房単騎入部追二捕其類一。一時酷罰。由レ是無二復噉心之毒一。

とあるように、平安時代初期すでに、仏教で定義した荼吉尼天の性格を信奉した一類があって恐れられていたことがわかる。また『古今著聞集』巻六の管絃歌舞第七にも、知足院殿（藤原忠実）が吒祇尼（荼吉尼）の法を行わせたり、『源平盛衰記』に見るように平清盛が荼吉尼の修法を行ったり、『平家物語』では新大納言藤原成親が賀茂の上の社に僧をして荼吉尼法を行わせている。これらは欲望を叶えてもらうための行為で、平安時代には荼吉尼法は外法・邪法といわれながら、大いに流行した。

こうした外法は、鎌倉時代から南北朝時代にかけても盛んで、『太平記』巻第二十六　妙吉侍者事の条にも、

仁和寺に志一坊とて外法成就の人有けるに、吒祇尼天の法を習て、三七日行ひけるに頓法立所に成就して、心に願ふ事の聊も不レ叶　云事なし

とある。この外法はかなり無理な願いも叶えるばかりか、人を呪う咒法にまで発展して行ったのである。室町時代に入ると、荼吉尼天は修験道の飯綱明神信仰の飯綱の法や愛宕の法と習合し、飯綱の法としてクダ狐を使って、人に狐をつかせたり、去らせたりしてさまざまの

悪業を働く修験者が横行した。

このために稲荷の使いとされ、または稲荷神そのものと思われた狐、つまり貴狐天王は白晨狐王菩薩として修験者にあがめられた。天下の管領の地位にある細川政元などは熱心な信奉者であったから、野心多い戦国期の武将までこれを信奉した。特に飯綱明神に信仰厚かった大名は、武田信玄・上杉謙信である。

こうした荼吉尼法を用いるためには狐を使うとされるが、それは狐を荼吉尼天の使い、または荼吉尼天そのものとみたからで、狐を介して稲荷と同一とみたりする発想もあり、狐を野干の語で表現していた。これは往昔の学者がほとんど同一の認識を持っており、荼吉尼天は野干に乗る像容で表現されていた。

しかし本来、野干と狐は動物学上別物である。ジャッカルまたはシャガールと呼ばれている動物が、中国では野干と称されたのである。犬科の哺乳類でヨーロッパの南東部、アフリカの北部から東部、アラビアからインド半島、セイロン島、ビルマおよびタイの南東部に棲息する雑食性の肉食獣で、狐に似るが狐よりも小さい。中国や日本にはいないが、たまたま狐に似ているので狐と同一視されるようになったもので、性質は荒く、群をなして他の動物を襲ったり、他の猛獣の食べ残しをあさったりするので、仏説で作り上げた荼吉尼天が人の肉を食うということに結び付け、荼吉尼天の乗物、または荼吉尼天そのものと認識されるようになった。日本では野干が狐に代ったために、狐が野干といわれるようになったのである。

狐に乗る稲荷神と習合して荼吉尼天も狐に乗る姿となり、やがて一部では同一視するようになってしまった。

では荼吉尼天という神は、本来そうした恐ろしい神であったのであろうか。

そのルーツをたどると、荼吉尼天は、インドのバラマウ地方のドラヴィダ族の中の一部族であるカールバース人達に、地母神として崇拝されていたダーキンという神である。

地母神であるから土地の豊饒を司り、人々に幸せを与える神であって、仏教で説くごとき恐ろしい神ではない。むしろ日本の稲荷神と共通するから、稲荷神に習合しても不自然ではなく、稲荷神は日本的荼吉尼天、もしくは日本的荼吉尼天は稲荷神といえる。それがバラモン教やヒンドゥー教に採り入れられると、豊穣のために不可欠な生殖神的要素も加わって性愛の神となり、やがて愛欲の神として紀元前三世紀頃には広く信仰されるようになった。

そして一部では、愛欲神という性格から妖媚な小悪魔的妖精神とみられ、インド三大主神の一つで生殖神であるシヴァ神の妻カーリー（シヴァの昼の姿の妻はパールヴァティー、夜の姿であるマハカラすなわち大黒天の妻がカーリー）の侍女の一群に入れられた。

また一部では、仏教の愛染明王の前身とも考えられた。愛染明王は Rāgarāja というが、ラーガ（Rāga）は赤色を意味し、「深い愛情」の意もあるから愛情の神となった荼吉尼と同じであり、ラージャ（rāja）は王である。仏教では、愛染明王は愛欲貪染をそのまま浄菩提心にせしめる明王とされ、天部の神より上位であるが、荼吉尼の一変形であるとみることもできる。

このように、荼吉尼本来の姿は、豊饒から愛情の神に代り、三世紀頃には、愛情によって人の心を射留めることから人の心を食う神に変り、人の心臓を食う神、人間の肉を食う神という邪鬼夜叉の類に思われるようになってきた。そして仏教で荼吉尼を採り入れたときには、物凄い神通力を有しながら、人の心黄（臓）を取って食うために、毘盧遮那仏が大黒天に化けて荼吉尼天を嚇かして改心させ、生存のために人の死屍のみ食って良いという忌わしい神の存在としたのである。こうした死肉を食うことから、ジャッカル（シャガール・野干）と結びつけられ、ジャッカルに乗る荼吉尼天、日本においては狐に乗る荼吉尼天という図式が完成したのである。

以上の経過からもわかるように、荼吉尼天の性格をさまざまに変化せしめたのは神々ではなく、バラモン・ヒンドゥー・仏教などによってであり、それは宗教による人々によってであって、荼吉尼自体の本質では無かったはずである。

荼吉尼は、仏教や修験道で恐ろしい神や呪咀神として誤まった利用法によって信仰されたが、一方で稲荷神や弁才天と習合したほうが、むしろ荼吉尼としての本質に近い。

観世音菩薩

観世音菩薩は人々を救うために、機に応じ、所に随ってさまざまに変化するので、多くの観世音菩薩の御姿で現じている。『千光眼観自在菩薩秘密経』に説く八観音・二十五化身と四十観音、『阿婆縛抄(あさばしょう)』に記される二十八化身、『諸尊真言句義抄』による十五尊観音、『首楞厳経(しゅりょうごんきょう)』の三十二応現など、いろいろの変化相を現わして人々に接し、救済してくれる仏神で、仏神の中で一番親しみ深い存在となっている。しかし一般には、『法華経』で説く三十三身によって三十三観音が一番認識されており、女性神にも男性神にも中性神にも変化している。また龍身にも変化するので、龍女とされる弁才天も観世音菩薩の応変であるという信仰もあり、特に如意輪観世音菩薩は弁才天であると説かれることもある。

弁才天は如意宝珠をもって信者に功徳を与え、如意輪観世音菩薩は如意輪によって煩悩を破砕する絶大の能力を持つので、如意（意の如くなる）の結び付きからも同一の仏神ということになる。ただし弁才天は日本の神と習合してこそ他の神にも擬されて祀られるが、仏教においては弁才天は他の仏神に応変しないから、観世音菩薩が弁才天に応変したとみるべきであろう。

如意輪観世音菩薩は略して如意輪観音ともいうが、梵名はチンタ・マニ・チャクラ（Cintāmani-cakra）という。チンタは願望・所願・思惟の意、マニは宝珠、チャクラは円い輪の意で、如意宝珠に等しい輪を持つ仏神であるから如意輪と呼ぶのであるが、この輪は八本の剣が出ており、あらゆるものを破砕する力を持っている法輪である。この法輪で煩悩・邪悪・仏敵を破砕し、マニ（宝珠）をもって人々に功徳を授けるという。ちょうど弁才天が剣と宝珠を持つのと同じであるから、観世音菩薩が弁才天に応変したとみることもできる。

この如意輪観世音菩薩は、八世紀の初め頃に実叉難陀によって経典が訳されたと伝えられるから、変化観世音菩薩の中では遅い存在であると思われる。この実叉難陀の訳した『如意輪陀羅尼神呪経』に、世の中の財、出世間の財という二種の財を満たす功徳があるとしている。世間の財とは金銀宝石などの宝財、出世間の財とは福徳智慧であると説いており、この財を与える功徳は弁才天とまったく同じであるから、同一視することは当然である。

ゆえにこの像容は二臂六臂ともに必ず宝珠を持ち、上半身あらわにした姿は裸形弁才天を連想させる。

奈良時代には、すでに如意輪観世音菩薩の信仰が入っていた。弓削の道鏡は葛城山で如意輪法を修して苦行したことで、孝謙上皇に認められて宮廷に入りついに法王となった。岡寺の如意輪観世音菩薩像は道鏡の発願といわれ、この頃からこの尊の信仰が盛んになったようである。

平安時代には、真言宗では六臂の如意輪観世音菩薩は六つの観世音菩薩に通じ、六道の苦

如意輪観世音菩薩

を除くと称するようになり、その後天台宗では、天皇のために祈るときの三つの本尊の中の一つに選ばれるほど如意輪観世音菩薩は重要視され、それだけに上流に多く信仰され、秘法の本尊として重要視された。

造像の顔貌も艶麗豊満に表現されるなど、弁才天に共通する点が多い。

観世音菩薩は三十三応身のごとくさまざまな姿で表われるから、十一面観世音菩薩に恋慕した悪逆乱暴の聖天(ヴィナーヤカ)が、その情を受けて善神になったのと同じく、悪逆の五頭龍が弁才天の麗容に恋慕し、改心することを約束に情を許されたという江島縁起も、観世音菩薩の広大な功徳と弁才天の功徳が似ていることを想わせ、弁才天は観世音菩薩であるという説が生まれるのも頷けるところである。そうした例として、往昔の厳島神社の社殿の後には本地堂があって、本地を十一面観世音菩薩とし、竹生島にも宝厳寺の観世堂があり、千手観世音菩薩を本尊としており、現在でも西国三十三か所第三十番の札所となっているくらいである。

愛染明王

弁才天は、愛染明王の権化であるとの説もある。

愛染明王は、『新纂仏像図鑑』によると次のようにある。

愛染王は梵名を羅誐(らぎゃ)(Rāga)・羅誐羅闍(らぎゃらじゃ)(Ragarājà)・摩訶羅誐(まからぎゃ)(Makāraja)等と称し、訳して愛染・愛染王・大愛等と云ふ。此の明王は愛敬を本誓とし、煩悩即ち菩提の三昧を現するものにして、金剛薩埵の所変なり。故に此の明王の外相は忿怒暴悪を示すと雖も、其の内心は大愛至情を本誓とし、明王中最勝の本尊とせらる。故に勤修寺流の祖寛信法務は此の明王の功徳を讃して曰く「愛染明王とは一切法中に独り最勝の教を為し、五部尊の内に更に上尊の称を得たり。説けば能く無量の罪を滅して万悪併ひ却け、演ずれば速かに百千事成じて衆願悉く満つ。霊験の甚疾なること衆星の光に類し、威徳の殊勝なること瓶宝の珍を備ふ」と述べたり。此の明王の本身及功徳に就いてはなほ委しく瑜祇経に出づ。見るべし。又た形相につき瑜祇経愛染天品には「身色日暉（光沢ある赤き色なり）の如くして熾盛の輪（日輪にして無明妄想の暗を破するに喩ふ）に住し、三目（三界の衆生に悉地を與ふる義にして又空仮中の三諦を表す）にして威怒に視る。首髻に師子冠（頭髪の赤くして猛悪に立てる形なり）あり。利毛にも忿怒の形なり。又た五鈷の鈎（五鈷の一方を竪つるなり）を安んじて師子の頂にあり。五色の華鬘（白青黄赤黒の蓮華を以て鬘を作りたること師子冠の上にかけて左右両方に垂れしむるなり）垂れ、天帯（天衣）身を覆へり。左手には金鈴を持し、右に五峯の杵を執り、儀形薩埵の如くして、衆生界を安立す。次の左は金剛弓。右は金剛の箭を執り、衆星の光を射るが如く能く大染の法を成す。左の下の手には彼を持し右の蓮は打つ勢の如くす。一切の悪心の衆、速に滅すること疑あることなし。諸の華髪の索を以て絞結して以て身に厳り、結伽趺坐を作して赤色の蓮に住せり。蓮

愛染明王

の下に宝瓶ありて両畔（はん）に諸宝を吐く」と。又た金剛王儀軌には四臂の像を説き、其他異像異説あれども、今は之を略す。又た両頭愛染の像は別に説くが如し。又た世に愛染曼荼羅と称し、三井所伝の十七尊囲繞のものと、覚禅鈔により十七尊立のものとあり。印相は常には五股杵を用ひ、又根本印としては二手金剛拳にして内に相叉えて縛になし、直く忍願を竪てて針にして相交えて即ち染を成す。真言は唵摩訶羅誐縛日羅路瑟抳沙（なまからぎつばさらろさだしゃ）縛日羅薩怛縛（ばさらさだば）　弱吽銭斛（じゃくうんしんばむこ）

形相および功徳は、弁才天とはまったく共通しない。

愛染明王は、梵名でラーガ・ラージャ（Rāgarāja）＝羅誐羅闍と呼ばれるが、ラーガ（Rāga）は赤色のことで愛情・情欲をも意味する。ラージャ（rāja）は王であるから、愛情の王で大愛でもある。

しかし、佐藤任氏は『密教の神々』で、

今日知られているかぎりでは、ラーガ・ラージャという語は既知のいかなる梵語文献にも見られない。この神について記す瑜祇経巻上「愛染王品」のみで、この神がインド密教の中で成立したという証拠はどこにもない。（『日常仏教語』中公新書）

とされ、さらに、

そして岩本裕は、この神が明王と共通する点は忿怒相のみで、「この神が後代においてインド以外の土地で成立したことを示唆する」としている。（中略）ただモニエル・ウイリアムスの Sanskrit-English Dictionary によれば、ラーガは上記の意味のほかに、音楽の調子を表わす意味があり、それには七または二十六ラーガがあり、この音階は人格化されて、六つの主要なラーガのそれぞれがラーギニー（Raginī）と呼ばれた五人または六人の女性の配偶者と結婚しているという。また女性形のラーガーは『マハーバーラタ』ではアンギラスの二番目の娘だとされ、またラーギーは『プラーナ』ではメーナカー（Menakā）の娘であり、またラクシュミー（Lakṣmī 吉祥女）だとされている。メーナカーはまた水精天女のアプサラスの別名でもある。これらのことはラーガ・ラージャ（愛染王）が密教と関係があったことを直ちに意味するものではないが、インドの愛の女神と関係あることを示唆しているものといえよう。

と述べられており、女性形のラーガーはアンギラスの二番目の娘、ラーギニーはメーナカーの娘でラクシュミー（吉祥天女）であることなどから、インドの愛の女神と関係あることを示唆しておられる。

ということは、愛染明王が忿怒相であっても、女性神とみることのできる可能性を述べたもので、女性神があながち優しい慈母のごとき姿でなくても、外敵や病魔から守り畏敬させるために、忿怒相であっても不自然ではないことを示している。

つまり、愛染明王は密教では大日如来または金剛薩埵を本地とするが、数々のインド神話からは女性神であったと推理することも可能であることを示している。特にアプサラスは水精天女であるから弁才天と共通するし、その娘のラーギニーは吉祥天（ラクシュミー）に当るとすれば、仏教でも吉祥天と弁才天は『金光明最勝王経』に出てくる女神で、しばしば混同されることもある。

また日本密教では、さまざまな付会が行われ、愛染明王の前身はダーキニであったとするし、ダーキニ（荼吉尼）は日本において稲荷神と習合し、稲荷神は弁才天と習合するなど、いろいろと複合が行われていく中で、弁才天は愛染明王の権化という考え方も生まれてくるのであろう。

七福神

人々を裕福・幸福にする神を、七神集めて信仰するのを七福神信仰という。

それは、一つの福神を信仰するより複数の神を信仰した方が、願いを叶えて下さる確率が高いと思う心理からであろう。

七福の七は、七ツ揃っているものは良いという道教的思想からきている。たとえば七曜、竹林の七賢人、仏教の七仏・七母神などで、七は聖数と思われていた。

一神に福をさずかることを祈るより、七神に祈る方が福の倍率または確率が良いと思うのは、人情であろう。

こうしたことから七福神信仰は始まったのであるが、福神と思われるものを無理に揃えたために、中国の道教的神、日本の神道系の神、仏教の神と、およそ東洋の宗教の神々を雑然と集めたものとなり、中にははたして福神であるかどうかも不明のものもある。この中で、仏教神は弁才天・毘沙門天・大黒天であり、夷（えびす）（恵美寿）三郎は古神道の神、福禄寿・寿老人・布袋は中国の道教系の神で、これらは本当に福神であるかどうかははなはだ曖昧であり、また福禄寿は寿老人と同一人であるとの説があり、その場合には欠員埋め合わせのために吉祥天を加えたりする。

毘沙門天・大黒天・弁才天は、独尊として祀られるほどの福神であるが、夷三郎とはいかなる神であろうか。

夷は恵比須・恵美寿とも書き、俗に夷三郎（いさぶろう）・えびすさぶろうともいっている。通説では伊弉諾・伊弉冊尊の間に生まれた第三子蛭子尊で、三年経っても立って歩けないので、天磐樟船に乗せて海に流したところ、船は摂津国（大阪府）西の宮に着いた。人々がこれを祀って西宮神社としたといわれ、西の宮の蛭子神が夷三郎であるという。

また一説では彦火々出見尊（ひこほほでみのみこと）とも、また大国主命の子の事代主命であるともいわれている。大国主命父子は出雲国を開拓経営したから、土地の福神としては相応しいが、なぜ恵比須三郎は釣竿と鯛を持っているのであろうか。これは、海洋民族の神を表したものであろう。付会の説ではあるが、事代主命は釣を好むといわれ、また彦火々出見尊は鯛を得たという話が作られたりしているので、それらにヒントがあるのであろう。

また少彦名尊（すくなひこなのみこと）が出雲に来て、大国主命と協力して国土を開発したという神話があり、この少彦名尊はかつて常世（とこよ）の国に渡って夷（えびす）と称せられたとの伝承があり、これらが混同して夷三郎なる福神が、釣竿を持ち鯛を抱いた姿として表されるようになったのであろう。しかし、その服装たるや風折烏帽子状の帽子を冠り、狩衣に指貫姿であるから、古い時代から福神にされた神ではないことがわかる。

『三養雑記』巻四に、七福神の絵は狩野松栄（元信の子）が描いたのが一番古いとされているから、少なくとも桃山時代以降、七福神信仰はそれよりやや遡った頃からであろうと推定される。夷三郎信仰によって夷神が七福神に加わったのがもっと古ければ、古神道の神であるから服装が降っても平安時代の束帯姿、遡ったら奈良朝時代の風俗装から古墳時代の服装であって良いはずであるが、狩衣烏帽子のその形式では室町時代末の頃のものであるから近世の福神である。しかも夷三郎は福神としての縁起が無く、わずかに福相の笑顔がこれを示している。世にいう「えびす顔」という喜悦の笑い顔である。釣竿は「福を釣る」、鯛は「目出度い」の洒落であろう。これらからみると、まったく作られた福神であるが、大黒天の項で述べたごとく、大黒天と対になって祀られることが多いのは、七福神の中で大黒天も日本の神と思われ、この二神が日本神道系の福の神として代表的な神であるとの認識が強かったのであろう。

宝船と七福神

夷神は豊漁と航海安全の神であったが、後に商売繁昌の神として商人に信仰された。大黒天・弁才天・毘沙門天については、すでに述べたので略す。

福禄寿は南極老人星の化身といわれ、また中国北宋の嘉祐年中（一〇五六〜一〇六三）に現れた道士であるといわれ、身体矮軀にして頭がすこぶる長い奇型で、白髪の美髯を貯え、杖の上の方に経巻を結び付けたものを持ち、白鶴を連れている。経巻は、人の寿命を列記したものといわれる。福禄寿という名は、福星・禄星・寿星の三つを合せて一人の神仙名としたもので、延寿の徳をたたえた道教の仙人である。つまり、延寿が福につながるとして福神の中に加えられたのであるが、延寿の意味からも寿老人と同一人物であるとされる場合もある。その場合は七福神の中から除き、その補充として吉祥天を入れたりするが、七福神の絵には長頭の特徴ある点から必ず加わっている。

寿老人は禿頭で肥満体の老人で美髯を生やし、杖を持って団扇を持つ。玄鹿を伴っているが、この鹿は千五百歳を経ていて、人がもしこの鹿の肉を食えば二千歳を生きるといわれている。老人星の化身といわれ、また老子であるともいわれている。『神道問答』には、「六神たるは数わうしと思ひて、尋常の老翁を一人加へて、寿老人と名け、七福神の数を合させ、天南星の化身といひのがれたり」と記しているが、前に述べたごとく福禄寿と同一人であるという。

布袋は中国後梁の頃の禅僧で、明州の奉化県に出た散聖で、名を契此（かいし）といい号を長汀子と称した。自から弥勒菩薩の化身といい、常に袋を負い、身の廻りの物はすべてこの袋に入れ、さらに路傍に落ちている物、人から与えられた物まで入れたので布袋和尚といわれた。後梁の貞明三年(九一七)、明州の嶽林寺の東廊磐石の上に端座して示寂したが、日頃この袋を負い喜悦の面相をしていたので、後人がこれを福神としたのである。

福禄寿を除いて吉祥天を加えた時には、弁才天とともに七福神の中の紅二点となり、弁才天と「いずれあやめかかきつばたか」といわれるほどの美貌の女神である。

吉祥天は、日本に仏教が伝わった時点では、釈迦如来や千手観音の脇侍であったが、美貌とその功徳が信仰されて、独尊としても祀られるようになった。和泉の血渟の山寺に祀られた吉祥天に、恋慕した優婆塞の願いを聞いてやったという慈悲深い神で、福神として古くより信仰されている。

古代インドの女神でラクシュミーといい、三大主神の中のヴィシュヌ神の妃といわれ、仏教では毘沙門天の妃にされている。『金光明最勝王経』の中の大吉祥天女品にその功徳が記されており、金光明最勝王会や吉祥悔過会のときの本尊として、罪悪を懺悔し、災禍を除き、福徳を祈る対象とされた。

鎮護国家、五穀豊穣のための修法が行われるので、弁才天女のように広い信者層ではなく、宮中・貴族の間の信仰が主であった。そのため、中世以降は女天信仰では弁才天に優先された。それだけに、弁才天のごとく他の神と習合することはなかった。

七福神は、一説には天海僧正が書いたのが初めてであるとの説もあるが、七福を集めたのは、『仁王般若波羅密教』巻下の受持品の中に、

七難即滅　七福即生

とあるのに拠ったものと思われる。

江戸時代頃から、正月二日の夜、七福神が宝物を積んだ船に乗っている刷り物の絵を枕の下に敷いて寝ると縁起の良い夢を見、その年は幸運であるとの迷信があり、宝船売りという行商までできた。

『絵本風俗往来』にも、

七福神乗合船の図の上に、長き夜のとうの眠りのみな目ざめ、波のり船の音のよきかなといふ歌を当時駿河半紙といひし紙半枚に墨摺したるを売り来る二日の正午過る頃より夜にかけて売者繁し、お宝お宝え―宝船宝船と呼ぶ声、町屋敷前共聞えざるはなし。此宝船を枕の下へ敷きて二日の夜に眠れば、初夢の吉兆を見、今年の開運といふ。又宝船を売り歩けば身の幸運を得るとて随分身柄よき若旦那達の道楽に出けるもありて、知れる家に呼止られ互に笑ふなどもありたり。又は職人衆の宝船売りのお得意へ呼入られ御酒の幸わいにあづかりて端歌清元の隠芸の役に立つなど二日の宵の口にあり

とし、江戸時代には年頭の縁起物として七福神の乗る宝船の絵がもてはやされ、年頭に良い夢を見てその年の幸運を希うしきたりがあった。

なぜ正月二日の夜を初夢を見る日としたかというと、江戸時代の商人の家は大晦日には終夜睡らず、年越そばを食ったりして過し、一日は空しく過すので、二日を元旦としたからである。本来は大晦日の夜に宝船の絵を枕の下に敷いて、年頭の初夢を見るべきであったが、商民は二日を元旦としたためにこの風習は一般に弘まった。年頭に男女が関係するのを「姫始め」といって、二日の夜に行うのと同じである。

この宝船を枕の下に敷く風習は、室町時代末期頃かららしく、天文頃の『澤巽阿弥覚書』に、

御調進節分御舟、絵所ハ一両年上京小川扇屋ニ被レ書候歟

とある。節分とは正月二日のことで、上流では絵師に宝船を描かせたが、江戸時代には刷り物として大量に作られたので、一般庶民も縁起をかついで需めるようになり、西鶴の『好色一代男』にも、

夢違ひの獏の札　宝船売

とあるように普及したのである。現代では、さすがに宝船売りは見られなくなったが、寺社では稀に初詣での者に刷り物として売っている。

家によっては、正月の床の間の掛物に宝船に乗った七福神や、七福神だけの絵の掛軸を掛けたり、七福神を描いた大皿を飾ったりすることがある。

また江戸時代以来、七福神に該当する福神を祀る寺社を年頭の初詣に選ぶことがあり、現

在の東京および地方でも、七福神詣では結構行われている。

有名なのは東京台東区浅草で、ここに集中した寺社が、七福神の一神を分担して祀ってあるとして巡拝する。

浅草の金龍山浅草寺の弁天堂、同じく浅草の大黒天、浅草寺内の浅草神社の恵比須様、待乳山聖天宮の毘沙門天、今戸神社または矢先神社の福禄寿、鷲神社か石浜神社の寿老人、不動院の布袋尊、吉原神社の弁才天などを順にお詣りする風習である。

これらの寺社の中には、本来そうした福神とは関係ないのに、七福神巡りのためにわざわざ祀って、参詣人の吸収をはかる一つの手段としているものもある。さらに巡拝の労を省いて、家庭内に七福神の彫像を飾って済ませてしまう場合もある。経済大国ニッポンとなった現在でも、財産確保の念願は、庶民に根強いものがあるのである。

こうした七福神に寄せる願望は、年の瀬近い十一月の二の酉の日にも、縁起の熊手を買い需めて家に飾ることによってもわかる。

酉の市の熊手とは、本来酉の市で売り出したもので、熊手を買って帰り、落葉を掻き集めるものであった。浅草の鷲神社が有名で、やがて福や財を掻き集める縁起物となった。福を示すために熊手に福徳円満の相の「おかめ」の面や、豊穣のしるしの稲穂や米を量る升などがつけられ、さらに賑やかにするため千両箱や宝船の図を組み合わせ、宝船には金銀財宝に七福神が同乗するという派手な形に定着し、熊手はこれらのものによって覆われてしまった。

これを酉の市で買って帰り、商店は店の奥の長押、一般家庭でも主室の長押に飾り、その年ごとに新らしく飾って縁起物とした。

熊手は六寸・八寸・尺から次第に大きくなって三尺まであるが、小さいのはお札と稲穂から始まって、大は宝船から大福帳・千両箱に鶴亀・財宝・七福神と盛りだくさんである。この市で売れ残ったのが、他のお酉様や地方のお酉様の市に運ばれて売られるのである。このように、七福神の人気は今だに盛んなものがある。

あとがき

甲冑武具研究に一生をついやした著者が、最近になって仏教神について四冊ばかり書き上げたことを、奇異にお思いになる方が多いことと思う。仏教信仰者ですら、著者の本を読まれて宗教風俗研究者または僧侶と間違われて、御手紙を頂戴したり電話での問合せや来訪を受けたりする。僧籍にある方では思いきった観察や思考を遠慮すべきことも、臆面もなく書いたから反響があったからである。ただし、仏教を誹謗したり冒瀆するようなことは、決して書いていない。宗教風俗史の一端に触れただけであり、著者は厚い仏教信者の一人であると自認している。

ではなにゆえ、甲冑武具研究という分野の者が宗教風俗史に関心を持ち始めたのか。それは甲冑は戦場における晴れ着であり、死に直面する状態に対しての防具であるから、神仏の加護を願って着用するからである。

戦場にいで立つということは、茶道の一期一会の精神と同じく一期一戦の気持でなければならず、そうした覚悟で甲冑を着用するのである。たとい味方が大優勢で絶対に勝つという状態であっても、個人はいつどうした状況のもとに死に遭遇するかわからぬのが戦争であり、そうした生きざまから逃がれられないのが昔の武士の定めであった。

つまり、甲冑は武士の一期一会の晴れ着であり死装束であった。そして自分自身は敵に憎しみも怨みはなくとも、大義のため、上からの命令によって、敵を殺戮せねばならぬ立場であった。敵と戦う前にそうした心の葛藤に勝つためにも、まず己れの正統性を納得せしめ、また敵に勝って恙なく凱旋することを希うのは、決死の武士でも当然のことである。そうした心のよりどころを、防具である甲冑に念じ、印としてつけておきたいのは神仏の加護である。そのために往々甲冑には神仏の名号を刻み、護符・小仏像を体し、または日頃信仰する仏神の種字をしるしとする。ところが、現在甲冑に用いられた仏神像や梵字については、梵字研究者や僧侶以外には何をあらわしているかわからぬ人がはなはだ多く、甲冑武具研究者でこうした面から甲冑を研究した者も無い。

甲冑武器武具は、宗教とは縁が遠いと思っている人が多いのである。著者は、こうした面からも甲冑の研究も行ってきた。そしていろいろ仏神を調べていくうちに、いくつかの仏神に特に強く興味（この言葉は不遜かも知れない）をひかれるようになり、それらは少しずつ発表してきた。草稿はまだあるから、今後も発表するつもりである。

本書の弁才天もその一連の中のもので、日本における弁才天は特殊な信仰形態を有し、民間レベルでの絶大な支持を得ている美女神であるが、その実態についてはあまりよく知られていない。

インドの水神として発生しながら、日本に伝わってからは道教・神道の影響や習合・複合を重ねて特殊な仏神として、さまざまの利益ある神となり、時には実態の認識は別として単に福徳の神として馴染まれ、むしろ民間信仰の仏神としての認識が強い。

弁天様とは何かという解説書的知識があってもよい時代である。

たまたま雄山閣出版専務取締役芳賀章内氏が、この草稿に目をつけられ、三十数年来交誼を賜った同社社長長坂一雄氏の好意もあって、上梓の運びとなった。編集と関係した諸方への交渉まとめは、早瀬一清氏の労により完成した。末筆ながら、ここに右の各氏に深甚の感謝の意を表して、擱筆する次第である。

平成三年龍集五月十日

鎌倉龍仙泊

笹間良彦

【著者紹介】

笹間良彦（ささま　よしひこ）

大正 5 年（1916）東京に生まれる。文学博士。

日本甲冑武具歴史研究会会長を務め、『図解日本甲冑事典』『甲冑鑑定必携』『江戸幕府役職集成』『下級武士 足軽の生活』『歓喜天（聖天）信仰と俗信』『大黒天信仰と俗信』『好色艶語辞典』『鎌倉合戦物語』『日本合戦図典』『日本軍装図鑑（上下）』（以上、雄山閣刊）など数多くの編著書がある。

平成 17 年（2005）11 月逝去。

平成 3 年（1991）6 月 5 日　初版発行
平成 29 年（2017）8 月 25 日　新装版発行
令和 4 年（2022）12 月 25 日 第三版第一刷発行　《検印省略》

弁才天信仰と俗信（第三版）

著　者　笹間良彦
発行者　宮田哲男
発行所　株式会社 雄山閣
〒102-0071　東京都千代田区富士見 2-6-9
TEL 03-3262-3231㈹　FAX 03-3262-6938
http://www.yuzankaku.co.jp
e-mail　info@yuzankaku.co.jp
振替：00130-5-1685
印刷・製本　株式会社ティーケー出版印刷

Printed in Japan 2022　ISBN978-4-639-02877-2　C0015

N.D.C.200　264p　19cm